Jodi Dean

GENOSSEN!

Jodi Dean

GENOSSEN!

Aus dem Englischen
von Andreas G. Förster

Verlag Klaus Wagenbach Berlin

Für M.F.

1. WIE AUS UNTERSTÜTZERN GENOSSEN WERDEN

In seiner letzten Rede beim alljährlichen Galadinner der Hauptstadt-Korrespondenten in Washington, D.C. nahm Präsident Barack Obama den Senator Bernie Sanders mehrfach scherzhaft aufs Korn. Sanders führte im Frühsommer 2016 einen überraschend starken Vorwahlkampf gegen die aussichtsreichste Präsidentschaftskandidatin der Demokratischen Partei, die ehemalige Außenministerin Hillary Clinton. Nach einigen Freundlichkeiten für Prominente und Politiker kam Obama auf Sanders zu sprechen:

> Das »Phänomen Bernie«, und vor allem seine Anziehungskraft auf junge Leute, hat viele überrascht. Mich nicht, ich verstehe das. Erst kürzlich sprach mich eine junge Frau an und sagte, sie habe es satt, dass die Politiker ihren Träumen ständig im Weg stünden. Als hätten wir unsere 17-jährige Malia dieses Jahr vielleicht zum Burning Man-Festival fahren lassen. (Gelächter.) Undenkbar. (Gelächter.) Bernie hätte sie womöglich fahren lassen. (Gelächter.) Wir aber nicht. (Gelächter.)
>
> Es schmerzt mich dennoch, Bernie, dass du dich ein bisschen von mir distanzierst. (Gelächter.) Ich meine, das tut man einem Genossen doch nicht an. (Gelächter und Applaus.)[1]

Die letzte Pointe zielte auf die sozialistische Bresche, die Sanders' Vorwahlkampf in der US-Politik öffnete. Auf den ersten Blick klingt die Spitze einfach wie eine antikommunistische Denunziation: wie Obamas recht unverhohlener Wink, Sanders sei als erklärter Sozialist für die politische Klasse der USA gänzlich inakzeptabel. Vielleicht. Womöglich war sie aber auch ein Wink für das Publikum, Sanders gehöre nicht zur Demokratischen Partei und sei also gar nicht Obamas Parteigenosse: Sanders wolle Präsidentschaftskandidat der Demokraten werden, sei aber eigentlich gar kein Demokrat. Obamas Scherz ist noch für eine dritte Lesart offen: Erinnern wir uns, wie beharrlich die US-amerikanische Rechte Obama selbst denunziert und ihm vorgeworfen hatte, Kommunist oder Sozialist zu sein. Acht Jahre lang betitelte die Rechte den ersten schwarzen Präsidenten des Landes als den größten Linksradikalen, der jemals im Weißen Haus amtiert habe. Die Rechte verspottete ihn als »Genosse Obama« und stellte ihn in eine Reihe mit Lenin, Stalin, Che und Mao. So besehen ginge es bei der Pointe nicht um *Sanders* als Genossen, sondern um *Obama* als Genossen: Eventuell hat Obama sich als Sanders' Genosse bezeichnet, weil sie ein gemeinsamer politischer Horizont vereine – der emanzipatorisch-egalitäre Horizont, der mit dem Wort »Genosse« bezeichnet wird. Würden sie auf derselben Seite stehen und wäre Obama tatsächlich Sanders' Genosse, dann hätte Obama etwas Solidarität erwarten dürfen. Der Witz funktionierte, weil alle im Saal – die Prominenten, die Washington-Insider und die Medienmogule – sehr wohl wussten: Obama ist kein Genosse. Von gemeinsamen Politikzielen sind Sanders und Obama meilenweit entfernt, auch wenn die Rechte beide nicht auseinanderhalten kann.

Das Wort »Genosse« verweist auf ein politisches Verhältnis, eine Reihe von Handlungserwartungen und auf ein gemeinsames Ziel. Es unterstreicht die Gleichheit (*sameness*) der Menschen auf derselben Seite – so unterschiedlich sie auch sind, Genossen halten zusammen. Obamas Witz sagt es selbst: Wer für eine bestimmte Politik einsteht, distanziert sich in aller Regel nicht von den eigenen Genossen. Dieses Verhältnis bestimmt solidarisches Handeln, es kollektiviert und lenkt das Handeln im Lichte einer gemeinsamen Vision von der Zukunft. Für Kommunisten ist dies die egalitäre Zukunft einer Gesellschaft, die von der Bestimmung durch Privateigentum und Kapitalismus befreit ist und reorganisiert wird auf Grundlage der freien Assoziation, des Gemeinwohls und der kollektiven Entscheidung der Produzenten.

Doch Worte wie »comrade«, »Genosse« oder auch »Kamerad« sind älter als deren Verwendung durch Kommunisten und Sozialisten.[2] In romanischen Sprachen bezeichnet das Wort schon seit dem 16. Jahrhundert Menschen, die sich ein Zimmer teilen. Juan A. Herrero Brasas zitiert eine Paraphrase der Definition aus einem spanischen etymologischen Wörterbuch von 1936: »›camarada‹ ist jemand, der einem anderen so nahe steht, dass er mit diesem im selben Hause isst und schläft.«[3] Auf Französisch war das Wort ursprünglich weiblich, »camarade«, und bezeichnete eine Kaserne oder Unterkunft für Soldaten; das deutsche »Kamerad«, so ließe sich ergänzen, ist ein Lehnwort aus dem Französischen.[4] Wortgeschichtlich leitet sich das englische »comrade« von »camera« ab, dem lateinischen Wort für Kammer, Zimmer oder Gewölbe. Die technische Nebenbedeutung »Gewölbe« verweist auf eine generische Dimension der Wortbedeutung: als Struktur, die einen besonderen Raum schafft und offenhält.[5] Ein Zimmer ist eine reproduzierbare Struktur, die Gestalt annimmt, indem sie ein vom Außen abgetrenntes Innen herstellt und den Menschen darin stabilen, dauerhaften Schutz bietet. Ein Zimmer oder einen Raum zu teilen erzeugt eine Nähe, eine Emotionsintensität und Solidaritätserwartung, welche die Menschen auf der einen Seite von denen auf der anderen Seite unterscheidet. Genossenschaftlichkeit (*comradeship*) ist ein politisches Verhältnis stabilen, dauerhaften Schutzes.

Das Konzept »Genosse« interessiert mich als Modus der Ansprache, als Träger von Erwartungen und als Symbol der Zugehörigkeit in den kommunistischen und sozialistischen Traditionen; ich begreife den Genossen als allgemeine Chiffre für das politische Verhältnis von Menschen auf derselben Seite einer politischen Barrikade. Genossen sind Menschen, die sich zweckgerichtet zusammenschließen, für eine gemeinsame Sache: *Wenn wir siegen wollen, und wir müssen siegen, müssen wir zusammen handeln.* In diesem Sinne beschreibt Angela Davis ihren Entschluss, der Kommunistischen Partei beizutreten:

> Ich wollte einen Anker, eine Basis, eine Vertäuung. Ich brauchte Genossen, mit denen mich eine gemeinsame Ideologie verband. Ich hatte die kurzlebigen Ad-hoc-Gruppen satt, die auseinanderfielen, wenn die geringste Schwierigkeit

> auftrat; die Männer satt, die ihre sexuelle Höhe danach bemaßen, wie die Frauen vor ihnen geistig in die Knie gingen. Nicht daß ich furchtlos gewesen wäre, aber ich wußte, daß wir kämpfen mußten, um zu siegen, und daß der siegreiche Kampf von den Massen unseres Volkes und von der arbeitenden Bevölkerung insgesamt kollektiv geführt werden mußte. Ich wußte, daß dieser Kampf von einer Gruppe geleitet werden mußte, einer Partei mit einer dauerhafteren Mitgliedschaft und Struktur und einer substantielleren Ideologie.[6]

Auf Genossen kann man sich verlassen. Man teilt zumindest so viel Ideologie, so viel Verbundenheit mit den gemeinsamen Prinzipien und Zielen, um es nicht bei einmaligen Aktionen zu belassen. Zusammen kann man den langwierigen Kampf aufnehmen.

Unser Handeln als Genossen ist Ausdruck des freien Willens, aber nicht immer einer freien Wahl. Auf Genossen muss man sich verlassen können – auch wenn wir uns nicht mögen, und auch wenn wir verschiedener Meinung sind. Wir tun, was zu tun ist, weil wir es unseren Genossen schuldig sind. Vivian Gornick überliefert in *Der Zauber des amerikanischen Kommunismus* die Worte eines ehemaligen Mitglieds der Kommunistischen Partei der USA, kurz CPUSA, dem der alltägliche Trott aus Zeitungsverkauf und Agitation – wie man sie vom Parteikader erwartete – zwar zuwider war, der aber dennoch erzählte: »Ich hab's gemacht. Ich hab's gemacht, denn wenn ich es nicht gemacht hätte, hätte ich meinen Genossen am nächsten Tag nicht unter die Augen treten können. Wir alle haben es aus ein und demselben Grund gemacht: Wir waren voreinander verantwortlich.«[7] Psychoanalytisch gesprochen fungiert der Genosse als Ich-Ideal:[8] Mit diesem Bezugspunkt können Parteimitglieder ihre Arbeit als wichtig und sinnvoll begreifen.[9] Voreinander verantwortlich zu sein bedeutet, das eigene Handeln mit den Augen der Anderen zu sehen. Lässt du sie hängen oder leistest du eine Arbeit, die sie achten und bewundern?

In meinem Buch *Die Massen und die Partei* bezeichne ich den guten Genossen als ein Ideal-Ich, sprich: als das Selbstbild der Parteimitglieder.[10] Sie imaginieren sich als mitreißende Redner, brillante Polemiker, versierte Organisatoren oder mutige Kader. Im Unterschied zu diesen Ausführungen geht es mir im vorliegenden Buch darum, dass der Genosse auch als ein Ich-Ideal fungiert: als Blickwinkel, den Parteimitglieder – und oft auch Sympathisanten – sich selbst gegenüber einnehmen. Dieser Blickwinkel ist ein Effekt der Zugehörigkeit zu derselben Seite, die auf jene Menschen zurückwirkt, die sich einem gemeinsamen Kampf verschrieben haben. Der Genosse ist eine symbolische und eine imaginäre Figur, wobei ich mich im Folgenden auf die symbolische Dimension des Ich-Ideals konzentriere.

Mein Nachdenken über den Genossen als allgemeine Chiffre für Menschen, die auf derselben Seite stehen, speist sich aus meinen Arbeiten über den Kommunismus als Horizont linker Politik und über die Partei als dafür notwendige politische Form.[11] Wer in unserem politischen Horizont einen kommunistischen Horizont erkennt, betont den emanzipatorisch-egalitären Kampf der Proletarisierten gegen die kapitalistische Ausbeutung – sprich: gegen die Bestimmung des Lebens durch die Kräfte des Marktes, den Wert, die Arbeitsteilung (nach Geschlecht und Hautfarbe), den Imperialismus (den Lenin theoretisch als die Vorherrschaft des Monopol- und Finanzkapitals beschrieb) und den Neokolonialismus (den Nkrumah theoretisch als die letzte Stufe des Imperialismus fasste). Heute erkennen wir diesen Horizont in den Protesten schwarzer Frauen gegen Polizeigewalt, weißen Suprematismus sowie die Tötung und Inhaftierung von Schwarzen, Farbigen und Arbeitern. Wir erkennen ihn in den Infrastrukturkonflikten um Pipelines, Klimagerechtigkeit und nahezu unbewohnbare Städte mit ungenießbarem Trinkwasser und vergifteten Böden. Wir erkennen ihn in den vielfältigen Protesten im Bereich der sozialen Reproduktion gegen Überschuldung und Räumung von Privathaushalten sowie Privatisierung öffentlicher Dienste und für hochwertige, frei zugängliche Angebote im sozialen Wohnungsbau, in Kinderbetreuung und Bildungswesen, im öffentlichen Nahverkehr und Gesundheitswesen sowie in anderen Bereichen der Daseinsvorsorge. Wir erkennen ihn in dem beharrlichen Kampf der LGBTQ-Gemeinschaft gegen Belästigung, Diskriminierung und Benachteiligung.

Es liegt heute klar auf der Hand, dass der kommunistische Horizont als Horizont politischer Auseinandersetzungen nicht auf nationaler, sondern auf globaler Ebene angesiedelt ist: Er ist ein internationaler Horizont. Das zeigt sich im Antagonismus zwischen den Rechten von Einwanderern oder Geflüchteten und dem verstärkten Nationalismus weltweit, in der Notwendigkeit eines globalen Umgangs mit der Erderwärmung und in den Bewegungen für Antiimperialismus, Entkolonialisierung und Frieden. Diese Beispiele zeigen den Kommunismus als negative Kraft, als Negation der globalen kapitalistischen Gegenwart.

Kommunismus ist aber auch die Bezeichnung für die positive Alternative zur permanenten und raumgreifenden Ausbeutung, Krisenhaftigkeit und Verelendung im Kapitalismus, und für ein Wirtschaftssystem, das auf der Befriedigung sozialer Bedürfnisse fußt – nach Marx' berühmter Formel: *Jeder nach seinen Fähigkeiten, jedem nach seinen Bedürfnissen!*[12] – und in dem der Weg zu diesem Ziel kollektiv durch die Produzenten bestimmt und beschritten wird. Diese positive Dimension des Kommunismus erstreckt sich auf die gesellschaftlichen Verhältnisse, auf den Umgang der Menschen miteinander, mit Tieren, mit Sachen und mit ihrer Umwelt. Widerstand und Unruhen genügen für den Aufbau des Kommunismus nicht; dieser erfordert die emanzipiert-egalitäre Organisation des menschlichen Lebens.

Was die Partei anbelangt, so sind die zeitgenössischen linken Intellektuellen darum bemüht, die Partei von den Bestrebungen und Errungenschaften zu isolieren, die sie überhaupt erst ermöglicht hat. Kommunistische Philosophen wie etwa Antonio Negri und Alain Badiou, die sich in einer Menge theoretischer Fragen nicht einig sind, kommen in der Organisationsfrage auf einen Nenner: keine Partei! Abgelehnt wird die Partei, weil sie autoritär und altmodisch sei und nicht zur Netzwerkgesellschaft passe. Jede Art der politischen Vereinigung könne überholt, erneuert oder anders konzipiert werden, außer der Partei der Kommunisten.

Die Ablehnung der Partei als Form linker Politik ist ein Fehler. Sie ignoriert die Assoziationseffekte auf die Menschen, die einen gemeinsamen Kampf führen. Sie missachtet die Lehren aus der Alltagserfahrung ganzer Generationen von Aktivisten, Organisatoren und Revolutionären. Sie fußt auf einem verengten, eingebildeten Begriff der Partei als totalitärer Maschine. Sie übergeht den Mut und Enthusiasmus, die Errungenschaften von Millionen Parteimitgliedern im Verlauf von mehr als hundert Jahren. Die Ablehnung der Parteiform zählte die letzten dreißig Jahre lang zur linken Dogmatik und hat uns kein Stück weitergebracht.

Zum Glück haben die Platzbesetzungen in Griechenland und Spanien wie auch die Lehren aus den Erfolgen und Grenzen der Occupy-Bewegung diese linke Dogmatik erschüttert. Sie haben das Interesse an der Partei als wandelbare politische Form neu belebt, die flexibel, anpassungsfähig und raumgreifend genug ist, um über die fröhlichen und aufrüttelnden Massenmomente auf den Straßen hinaus Bestand zu haben. Eine Theorie der Genossen kann zu dieser erneuerten Sichtweise beitragen, indem sie umreißt, wie die überindividuelle Verpflichtung auf einen gemeinsamen Kampf neue Stärken und neue Fähigkeiten hervorbringt. Im Gegensatz zur Reduktion innerparteilicher Beziehungen auf ein Verhältnis zwischen Führung und Geführten erfasst das Konzept »Genosse« die Effekte politischer Zugehörigkeit auf Menschen, die in einem politischen Kampf auf derselben Seite stehen. Wenn wir gemeinsam für eine von Ausbeutung, Unterdrückung und Vorurteilen freie Welt kämpfen, müssen wir uns vertrauen und aufeinander verlassen können. Das Prinzip Genosse benennt dieses Verhältnis.[13]

Die Beziehung zwischen Genossen bildet einen neuen Bezugspunkt für die Erkenntnis des Erkennbaren und für das Erahnen neuer Möglichkeiten. Sie bietet Gelegenheit für eine Neubewertung der Energie und Zeit, die man aufbringt – und für wen man sie aufbringt: Dient die eigene Arbeit den Menschen oder den Bossen? Basiert sie auf Freiwilligkeit oder auf einem Zwang zur Arbeit? Zielt man auf persönlichen Vorteil oder auf gesellschaftlichen Nutzen? Erinnern wir uns Marxens poetischer Beschreibung des Kommunismus, wo Arbeit »das erste Lebensbedürfnis« wird.[14] Das Konzept der Genossen bietet uns eine Ahnung davon: Man *will* politische Arbeit machen. Man will seine Genossen nicht hängenlassen, man sieht den Wert der eigenen Arbeit durch ihre Augen, durch neue kollektive Augen. Diejenige Arbeit ist Erfüllung, die nicht durch Märkte, sondern durch ein gemeinsames Versprechen bedingt ist. Der französische kommunistische Philosoph und Aktivist Bernard Aspe begreift das Problem des zeitgenössischen Kapitalismus als Verlust »gemeinsamer Zeit« (*temps commun*), also einer Zeiterfahrung, die durch unser kollektives Zusammensein erzeugt und erlebt wird.[15] Vom Urlaub über die Mahlzeiten bis hin zu den Pausen, unsere gesamte gemeinsame Zeit ist eingehegt in Formen kapitalistischer Aneignung. Die Apps und Tracker des kommunikativen Kapitalismus verstärken diesen Prozess derart, dass die Konsumptionszeit heute beinahe ebenso umfassend gemessen werden kann wie die Produktionszeit im Taylorismus: Wie lang verbleibt ein Besucher auf der Website? Hat eine Person den gesamten Werbespot gesehen oder ihn nach fünf Sekunden weggeklickt? Dagegen mündet kollektives Handeln, sprich die Wirklichkeit und Aktualität kommunistischer Bewegung, in ein kollektives Empowerment. Die Disziplin des gemeinsamen Kampfes – also nichts weniger als der Bruch mit dem kapitalistischen Leitbild, rund um die Uhr für die Bosse und Eigentümer zu produzieren und zu konsumieren – erweitert den Aktionsrahmen und verstärkt das Bewusstsein für ihre Notwendigkeit. Der Genosse ist eine Chiffre für das Verhältnis, in dem diese Transformation von Zeit und Arbeit vor sich geht.

Welche Vorstellung machen wir uns von politischer Arbeit? Unter Bedingungen, in denen politischer Wandel als völlig unrealistisch erscheint, stellen wir uns politische Arbeit mitunter als Selbsttransformation vor: Zumindest an uns selbst können wir arbeiten. Innerhalb der stark vermittelten Netzwerke des kommunikativen Kapitalismus betrachten wir beispielsweise unsere Aktivitäten in den sozialen Medien als eine Art Aktivismus, wobei Twitter und Facebook als zentrale Schauplätze der Auseinandersetzung fungieren. Oder wir verstehen das Schreiben als wichtige politische Arbeit und hauen Kolumnen, Leserbriefe und Manifeste raus. Denken wir an politische Arbeit, dient uns oftmals die parlamentarische Politik als Koordinatensystem, in dem es um Abstimmungen, Gesetzesentwürfe, Heckaufkleber und Wahlkampf-Buttons geht. Oder wir stellen uns Aktivisten als Leute vor, die Telefonkampagnen organisieren, Klinken putzen und Kundgebungen auf die Beine stellen. In einer anderen Gedankenwelt begreifen wir politische Arbeit vielleicht als individuelles oder gemeinsames Lernen. Wir stellen uns politische Arbeit eventuell als Kulturproduktion vor, als Aufbau neuer Gemeinschaften, Räume und Sichtweisen. Vielleicht hat unsere Gedankenwelt auch einen militanten, ja gar militaristischen Einschlag: politische Arbeit in Form von Demonstrationen, Besetzungen, Streiks und Blockaden, durch zivilen Ungehorsam, direkte Aktionen und klandestine Strukturen. Selbst wenn uns die Bandbreite politischer Aktivitäten bewusst ist, derer sich die Menschen im Umgang mit spezifischen Situationen und Fähigkeiten bedienen, um durch einen Zusammenschluss noch handlungsfähiger zu werden, stellen wir uns radikale politische Arbeit womöglich doch so vor, dass man einem Nazi aufs Maul gibt.

Welche Vorstellungen gibt es, angesichts der Vielfalt von Aktionsformen und Aktivitäten, von den Verhältnissen unter den Menschen, die auf derselben Seite kämpfen? In welcher Beziehung stehen die Aktivisten und Organisatoren, die Militanten und Revolutionäre zueinander? Auf dem Höhepunkt der Occupy-Bewegung waren die Beziehungen zu Anderen wochen- und monatelang vielfach durchdrungen von einem gemeinsamen Hochgefühl und Enthusiasmus für die kollektive Mitschöpfung neuer Aktionsformen und Lebensweisen.[16] Aber diese Stimmung war nicht von Dauer. Die Aufgabe, ganz verschiedene Menschen und Politikbegriffe unter dem Druck polizeilicher Repression und materiellen Mangels zu organisieren, überstieg die Kräfte auch der engagiertesten Aktivisten. In den sozialen Medien und in der gesamten Linken sind die Beziehungen zwischen den politisch Engagierten heute wieder angespannt und konfliktbehaftet – oftmals entlang von Merkmalen wie Hautfarbe und Geschlecht.[17] In der Vereinzelung und Desorganisation sind wir uns nicht sicher, wem man vertrauen und was man erwarten kann: Wir stoßen auf widersprüchliche Vorgaben wie Selbstsorge und Empörung. Unterstellungen untergraben Unterstützung. Erschöpfung ersetzt Enthusiasmus.

Wenn wir das Augenmerk auf die Genossenschaftlichkeit richten – auf die Art und Weise, in der gemeinsame Erwartungen politische

Arbeit nicht nur ermöglichen, sondern auch befriedigend gestalten –, können wir unsere Energien vielleicht wieder auf den gemeinsamen Kampf fokussieren. Als ehemaliges Mitglied der CPUSA erklärte David Ross gegenüber Vivian Gornick:

> Ich wusste, ich würde die neuen Bewegungen niemals so leidenschaftlich betrachten können wie die alte. Mir wurde klar, dass die KP mir einen Sinn für Kameradschaft vermittelt hatte, den ich niemals wieder haben werde. Und dass ich ohne diese Kameradschaft *gar nicht* politisch sein kann.[18]

Der Marxismus war, für Ross, die Kommunistische Partei. Die Partei verlieh dem Marxismus Leben, einen politischen Zweck. Dieses belebende Potenzial resultierte aus der »Kameradschaft«. Ross fährt fort: »Die Vorstellung von Politik als bloß diffuses Bewusstsein in Verbindung mit persönlicher Integrität war *und ist* für mich ein Unding«. Auf die Linke von heute trifft dieses Politikverständnis zu, »als bloß diffuses Bewusstsein in Verbindung mit persönlicher Integrität«. Vielleicht wirkt dann auch sein Gegenmittel: die »Kameradschaft« oder Genossenschaftlichkeit.

Mehrere Leute erzählten mir von der Herzenswärme, die sie durchfuhr, als sie in ihrer Partei zum ersten Mal als Genosse willkommen geheißen wurden. Mir ging es selbst so. In seinen Memoiren mit dem Titel *Incognegro. Erinnerungen an Exil und Apartheid* beschreibt der Theoretiker Frank Wilderson – der früher Mitglied des Umkhonto we Sizwe (MK), also des bewaffneten Arms des ANC gewesen war – sein erstes Treffen mit Chris Hani, dem Generalsekretär der Südafrikanischen Kommunistischen Partei (SACP) und Stabschef des MK. Wilderson schreibt: »Ich strahlte wie ein Schuljunge, als er mich ›Genosse‹ nannte.«[19] Wilderson schilt sich für sein »kindisches Bedürfnis nach Anerkennung«, wie er es nennt.[20] Weil er Hani noch immer auf ein Podest erhebt, fühlt er sich wohl angreifbar durch seine Freude[21] am egalitären Impuls der Genossenschaftlichkeit: Wilderson hat den Gedanken noch nicht verinnerlicht, dass Hani und er politisch gleichgestellt sind. »Genosse« steht für ein Gleichheitsversprechen, und wo sich diese Verheißung erfüllt, müssen wir feststellen, wie sehr wir immer noch den Ideen von Hierarchie, Prestige und eigener Unzulänglichkeit verhaftet sind, die wir eigentlich ablehnen. Gleichheit anzuerkennen erfordert Mut.

Wildersons Freude darüber, von Hani als Genosse bezeichnet zu werden, steht in scharfem Kontrast zu einer anderen Begebenheit, bei der »Genosse« die Form der Anrede war: Kurz bevor Wilderson Südafrika gezwungenermaßen verließ, traf er Nelson Mandela 1994 bei einer Veranstaltung der Zeitschrift *Tribute*. Nach Mandelas Rede stellte Wilderson eine Frage und sprach Mandela als »Genossen« an: »Nicht als Herr Mandela. Auch nicht als ›Sir‹, wie der kriecherische PR-Mogul, der die erste Frage gestellt hatte. Genosse Mandela. Das kleidete ihn wieder in das militante Gewand, das er abgelegt hat, seit er das Gefängnis verlassen hatte.«[22] Wie Wildersons Schilderung zeigt, kann der Gleichstellung gebietende Nachdruck von »Genosse« aggressiv wirken und ein Mittel der Disziplinierung sein – das ist Teil seiner Macht. Jemanden als »Genosse« oder »Genossin« anzusprechen erinnert das Gegenüber daran, dass man etwas von ihm erwartet.

Disziplin und Freude sind zwei Seiten derselben Medaille, zwei Aspekte der Genossenschaftlichkeit als Modus politischer Zugehörigkeit. Als Form der Ansprache, als Figur des politischen Verhältnisses und als Träger von Erwartungen stört »Genosse« die hierarchische Festlegung nach Geschlecht, Herkunft und Klasse in der kapitalistischen Gesellschaft. »Genosse« beharrt auf der Gleichstellung gebietenden Gleichheit der Menschen, die in einem politischen Kampf auf derselben Seite stehen, und macht diese nutzbar für neue Arten der Zusammenarbeit und Zugehörigkeit. In dieser Hinsicht ist der »Genosse« ein Träger utopischer Sehnsucht im Sinne von Kathi Weeks. Die utopische Form hat, laut Weeks, zwei Funktionen: »Eine Funktion besteht darin, unsere Verbindung zur Gegenwart zu verändern, und die andere darin, unsere Beziehung zur Zukunft zu verlagern; die eine erzeugt Entfremdung, die andere Hoffnung.«[23] Die erste Funktion mobilisiert die Negativität der Disidentifikation und Loslösung: Die aktuellen Verhältnisse erscheinen zunehmend seltsam und verlieren ihre Macht über unseren Möglichkeitssinn. Die zweite Funktion lenkt »unsere Aufmerksamkeit und Energie auf die offene Zukunft« und »vermittelt die Vision oder Ahnung von einer besseren Welt«.[24] Die Macht des Worts »Genosse« ergibt sich daraus, dass es alte Beziehungen negiert und neue verheißt – das Versprechen selbst bringt sie hervor und heißt den neuen Genossen in Verhältnissen willkommen, die sich aus dem gesellschaftlichen Umfeld nicht ableiten lassen.

Von Überlebenden und Systemen

Das vorliegende Buch entwickelt eine Theorie des Genossen als Chiffre für das politische Verhältnis zwischen Menschen, die auf derselben Seite stehen. Diese hebt sich von den beiden widerstreitenden Strömungen ab, die heute in Theorie und Praxis der Linken den Ton angeben und entweder die Überlebenden oder die Systeme in den Mittelpunkt stellen: Der Überlebenden-Diskurs ist in sozialen Medien, akademischen Zusammenhängen und einigen politischen Gruppen präsent. Seinen Ausdruck findet er in einem engen Identitätsbezug und in Rufen nach ausgesuchter Unterstützung (*allyship*), wie ich unten darlege. Der System-Diskurs überwiegt in ästhetisch-konzeptkünstlerischen Gefilden in Form einer posthumanistischen Auseinandersetzung mit Geologie, Gattungssterben, Algorithmen, »Hyperobjekten«, Biosystemen und der Erschöpfung des Planeten.[25] Einerseits haben wir also die Überlebenden, die sich nur noch an ihrer Identität festhalten können; eine Identität, die oftmals vom Kampf ums Überleben geprägt sowie an Schmerzen und Traumata gebunden ist.[26] Andererseits haben wir Systeme und Prozesse, die in einem so großen, so komplexen Maßstab ablaufen, dass wir sie gedanklich kaum fassen, geschweige denn beeinflussen können.[27] Dieses Buch bietet zu beiden eine Alternative.

Beide Strömungen spiegeln den neoliberal-kapitalistischen Rückbau öffentlicher Institutionen und die Intensivierung des Kapitalismus mittels der vernetzten und personalisierten digitalen Medien sowie der Informatisierung, die ich als »kommunikativen Kapitalismus« bezeichne.[28] Immer mehr Menschen erleben immer mehr ökonomische Unwägbarkeit, Unsicherheit und Instabilität. Gute

Arbeitsplätze sind immer schwerer zu finden und immer leichter zu verlieren. Immer weniger Menschen können mit langfristiger Beschäftigung rechnen oder darauf bauen, dass Leistungen wie eine qualitativ hochwertige Gesundheitsversorgung und eine angemessene Rentenvorsorge Lohnbestandteil sind. Die Gewerkschaften sind kleiner und schwächer. Die Löhne stagnieren. Die Wohnungen sind unbezahlbar und unzulänglich. Schulen und Universitäten kämpfen mit Haushalts- und Stellenkürzungen, mit wachsenden Studierendenzahlen, mit astronomisch ansteigenden Schulgeldern, höheren Schulden und geringerem Ansehen. Bereits angeschlagen von der Konkurrenz, der Schuldenlast und dem allgemeinen Abbau der kläglichen Überreste öffentlicher und infrastruktureller Ressourcen, brechen Familien auseinander. Die neoliberale Ideologie beschönigt die Lage: Die Individuen hätten eine größere Wahlfreiheit und mehr Chancen, ihre persönliche Verantwortung wahrzunehmen.

Carl Schmitt charakterisiert den Liberalismus bekanntermaßen als das Ersetzen der Politik durch Ethik und Wirtschaft.[29] Vergleichen wir nun die Politikverdrängung, die dem Neoliberalismus eigen ist: Da wären individualisierte Selbstfindung, Selbstmanagement, Eigenständigkeit, Ichbezogenheit und – gleichzeitig – ausschlaggebende unpersönliche Prozesse, Kreisläufe und Systeme. Wir haben verantwortliche Individuen, die verantwortlich gemacht und als Zentren autonomer Entscheidung dargestellt werden; und wir haben Individuen, die mit ausweglosen Situationen konfrontiert sind, auf die sie keinerlei Einfluss haben. Die neoliberale Verdrängung der Politik manifestiert sich nicht in Ethik und Wirtschaft, sondern zwischen den Polen »Überlebende« und »Systeme«. Erstere kämpfen um ein Überleben in unwürdigen Verhältnissen, anstatt gegen diese Verhältnisse vorzugehen und sie umzugestalten. Bei Letzteren handelt es sich um Systeme und »Hyperobjekte« (oftmals Gegenstände einer gegenwärtigen oder künftigen Ästhetik), die uns einschränken – Dinge also, die wir sehen und darstellen, vorhersagen und wohl auch beklagen, aber nicht beeinflussen können.[30]

Verwundbarkeit ist für Überlebende kein Abstraktum. Einige schätzen sie letztlich sogar und leiten ihr Selbstbild daraus ab, dass sie es trotz aller Widrigkeiten schaffen, zu überleben. Die Soziologin Jennifer Silva interviewte eine Reihe von Arbeiterjugendlichen in Massachusetts und Virginia.[31] Viele betonten ihre Eigenständigkeit, auf die sie setzten, weil die Erfahrung sie lehrte, dass Andere sie wahrscheinlich immer wieder im Stich lassen oder hintergehen würden. Wenn es ums Überleben geht, könnten sie nur auf sich selbst zählen. Einige haben Krankheiten oder Drogenabhängigkeit erlebt, andere mussten zerrüttete Familien oder gewaltsame Beziehungen überwinden. In ihren Augen ist der Überlebenskampf das Kernmerkmal einer als würdevoll und heldenhaft imaginierten Identität, die sich nur selbst erschaffen kann.

Die Systemszenarien kommen in der Regel ganz ohne Überlebende aus.[32] Menschenleben zählen nicht. Die Annahme, sie würden zählen, gilt als erkenntnistheoretischer Fehler oder ontologisches Verbrechen, die es wiedergutzumachen gelte. Bakterien und Steine, planetarische oder gar galaktische Prozesse gelte es zu betrachten, um letztlich das Denken von der anthropozentrischen Hybris, der Anmaßung des zum Zentrum erhobenen Menschen zu lösen. Wenn Menschen überhaupt vorkommen, dann als Problem, als Exzess des Planeten, den es zu begrenzen gelte, als amoklaufende zerstörerische Gattung, als Programmierfehler der Natur.

Der Gegensatz zwischen Überlebenden und Systemen beschert uns eine Linke, die ohne Politik auskommt. In beiden Strömungen gerät der Klassenkampf – der polarisierende Kampf um gesellschaftliche Verhältnisse im Zeichen einer emanzipatorisch-egalitären Zukunft – zur Unverständlichkeit. Anstelle des politischen Kampfes der Proletarisierten haben wir einerseits die parzellierende Behauptung des Besonderen, des Überlebens des Einzelnen, und andererseits eine Obsession mit der näher rückenden, unvermeidlichen Überlebensunmöglichkeit aller. Politik verschwindet in der Sackgasse individualisierter Überlebenschancen vor dem Hintergrund des generalisierten Nicht-Überlebens und Gattungssterbens.

So stark die Überlebens- und Systemströmungen in der heutigen Linken auch sind, bietet unsere aktuelle Lage doch weiterhin Breschen für die Politik. Vier seien genannt: Erstens, den kommunikativen Kapitalismus kennzeichnet die Macht der Vielen, des

Numerischen. Die Kapital- und Staatsgewalt setzt auf Big Data und auf die Erkenntnisse, die sich durch Korrelationen aus enormen Datensätzen generieren lassen. Der Treibstoff der sozialen Medien ist die Macht der Zahlen: die Anzahl der Freunde und Follower, die Anzahl der Likes und Retweets. Auf der Straße und in Bewegungen beobachten wir einen abermaligen Fokus auf das Numerische – die Vielen, die aufbegehren, demonstrieren, besetzen und blockieren. Wie mehr als ein Jahrhundert von Arbeiterkämpfen unter Beweis gestellt hat, liegt die Macht des Volkes in der Behauptung der Macht der Vielen über die Wenigen – falls das Volk sich hinreichend organisieren und zusammenschließen kann, um den Kampf aufzunehmen. Eine zweite Bresche besteht darin, dass Identität in abnehmendem Maße als Grundlage linker Politik dienen kann. Aus der Behauptung einer bestimmten Identität ergeben sich noch keine politischen Schlussfolgerungen. Identitätszuschreibungen werden in der Linken umgehend problematisiert, kritisiert und gar zurückgewiesen, wenn Aktivisten in Protesten übergreifende Gemeinsamkeiten schaffen. Der weltweit vordringende Nationalismus lässt vermuten, die Anrufung der Identität erfolge heutzutage tendenziell von rechter Seite. Einmal mehr wendet die Rechte ihre uralte Taktik an und stiehlt linke Themen und Forderungen, indem sie Identitätspolitik nun ihrerseits in den Vordergrund stellt: Der weiße Suprematismus in den Vereinigten Staaten, der Brexit in Großbritannien, der Hindu-Nationalismus in Indien und das Gesetz, mit dem sich Israel zum Nationalstaat des jüdischen Volkes erklärt,[33] sind dafür nur einige wenige Beispiele. Die dritte Bresche steht in Verbindung mit der astronomisch anwachsenden Beanspruchung unserer Aufmerksamkeit im kommunikativen Kapitalismus, für die eine Reihe kommunikativer Kurzformen entstanden ist: Hashtags, Meme, Emoticons und bewegte .gifs sowie ein suchmaschinenoptimierter Sprachstil (Listen, FAQs, Keywords, Teaser und Linkbaits).[34] Diese Kurzformen verweisen auf die herausgehobene Stellung generischer Marker, also gemeinsamer Bilder und Symbole, die den Kommunikationsfluss fördern und die Zirkulation am Laufen halten. Müssten wir alles lesen oder gar durchdenken, was wir online teilen, würden unsere Social-Media-Netzwerke erlahmen und verstopfen. In dieser Gemengelage dient das Generische als Behälter für eine Vielzahl unkommunizierbarer Inhalte. Durch gemeinsame Symbole entstehen neue Verbindungen zwischen den Protesten, und mit gemeinsamen Bezeichnungen begreifen die Menschen ihre lokalen Probleme als Partikularfälle von etwas Größerem, etwas Weltumspannendem. In der vierten Bresche stoßen die Bewegungen selbst an die Grenzen der Horizontalität, Individualität und Unterstützerrhetorik, die feste Identitäten und Interessen unterstellen. Die Folge ist ein neues Interesse an Parteipolitik und an Fragen der Parteiform – ein verstärkter Diskurs zur Organisierung der proletarisierten Vielen. Das Durchbrechen und Überbrücken der Sackgasse mit der Aufschrift »Überlebende« und »Systeme« ist möglich, durch eine neue Hinwendung zu den Strategien der Vielen, den Institutionen der Allmende und den Kämpfen der Ausgebeuteten.[35]

Vor diesem Hintergrund lege ich eine Theorie des Genossen vor. Der Genosse steht für ein politisches Verhältnis, in dem wir uns nicht mehr aufhalten mit den Konzepten von Überlebenden oder Systemen und mit den Hypothesen einer unverwechselbaren Besonderheit des Einzelnen oder einer Unmöglichkeit der Politik – in dem wir uns stattdessen annähern an die Gleichheit derer, die auf derselben Seite kämpfen. »Genosse« umreißt die Anforderungen an die sowie die Erwartungen der Menschen, die sich in den emanzipatorisch-egalitären politischen Kampf einbringen. Genossenschaftlichkeit erzeugt Disziplin, Freude, Mut und Begeisterung; das erläutere ich eingehend in Kapitel drei. Wenn die Linke einen radikalen Wandel will, und das ist ihr erklärtes Ziel, dann müssen wir Genossen sein.

Wie aus Unterstützern Genossen werden

Einigen Lesern erscheint »Genosse« als Form der Anrede heute vielleicht unangenehm und deplatziert. Das Wort ist der politischen Kultur in den Vereinigten Staaten wohl allzu fremd. In Europa hingegen gilt es womöglich als stalinistisch, altmodisch oder restriktiv. Ausdrücke wie »Kollege«, die weniger Verpflichtung bedeuten und sich einfacher in den kapitalistischen Rahmen der Europäischen

Union fügen, werden häufiger verwendet und sind weniger anstößig. Ganz haltlos sind diese Vorbehalte nicht.

Die US-amerikanischen Berührungsängste verkennen allerdings die Geschichte des Sozialismus und Kommunismus in den Vereinigten Staaten. Und die allgemeineren Berührungsängste sind vor dem Hintergrund des Untergangs der Sowjetunion, der durchdringenden Neoliberalisierung und der Vergötterung individueller Identität durch die kapitalistische Ideologie zu sehen. In einem als »postpolitisch« und »postdemokratisch« analysierten Umfeld ist das Persönliche – die Erfahrungen, Gefühle und Gefährdungen des Einzelnen – zum bevorzugten Ort politischer Betätigung geworden. Eine Überraschung ist das angesichts der neoliberalen Unterwerfung öffentlicher und politischer Praktiken wie Institutionen unter die Marktmechanismen nicht. Doch was die Linke als Sieg verbuchen will, ist das Symptom ihrer Niederlage, nämlich die Erosion der politischen Arbeitermacht und der damit einhergehende Niedergang der Arbeiterparteien. Die Behauptung, das Wort »Genosse« klinge hölzern, ist also weniger deskriptiv als vielmehr symptomatisch. Sie steht für eine Situation, die nach Veränderung schreit, für ein Problem, das gelöst werden muss, und für eine Organisation, die aufzubauen ist.

Wenn nur noch die Identität übrig ist, kann es vernünftig sein, sich daran zu klammern. Zumindest – und allen Widrigkeiten zum Trotz – überlebt man. Wie Silva in ihren Interviews mit Jugendlichen aus dem Arbeitermilieu allerdings herausfand, können sich Menschen so sehr an ihre Identität als Überlebende binden, dass sie die Verhältnisse nicht mehr kritisieren und infrage stellen können, mit denen sie zu kämpfen haben. Weil diese Verhältnisse, meist Teil des rassifiziert-patriarchalen Kapitalismus, als gegeben hingenommen und entweder als kontingent oder als unabänderlich[36] aufgefasst werden, erscheint das Überleben selbst als echte politische Errungenschaft.[37] Trotzdem hat diese Identitätsbindung etwas Krankhaftes: Man ist hier der Fantasie einer Ganzheit oder Gewissheit verhaftet, der Illusion jenes reinen Ortes, mit der wir uns versichern, im Recht zu sein und auf Seiten der Engel zu stehen. Diese Einbildung versperrt die Sicht darauf, dass Identitäten selbst gespalten, umstritten und Orte des Klassenkampfes sind. Wer sich als Frau, als Schwarzer, als Transgender oder als Überlebender identifiziert, sagt damit noch nichts über das eigene Politikverständnis.

Identitäten sind eher Schauplätze als Grundlage oder Mittel des Kampfes; das wird offenkundig, sobald wir uns dem Konzept der Unterstützerschaft, der *allyship*, zuwenden. Der Begriff *ally*, also Unterstützer oder Bündnispartner, hat zuletzt in aktivistischen Kreisen der US-Linken an Bedeutung gewonnen – ungeachtet der mitschwingenden Assoziationen von souveränen Nationalstaaten, die sich in Kriegszeiten zu Bündnissen zusammenschließen. Seit mindestens fünf Jahren wird in den sozialen Medien und an den Universitäten, aber auch unter Stadtteilaktivisten eine intensive Debatte darüber geführt, was es bedeutet, Unterstützer zu sein, und wer Unterstützer sein kann. Unterstützer sind im Allgemeinen privilegierte Menschen, die etwas gegen Benachteiligung Anderer tun wollen. Sie selbst betrachten sich zumeist nicht als Überlebende oder Opfer, aber sie wollen helfen. Unterstützer können also Heteros sein, die für LGBTQ-Menschen eintreten, Weiße, die schwarzen Menschen helfen, Männer, die Frauen beistehen, und so weiter. Noch nicht untergekommen ist mir das Wort als Bezeichnung für Wohlhabende, die sich an Arbeiterkämpfen beteiligen. Unterstützer haben nach eigener Einschätzung kein homophobes, rassistisches oder sexistisches Selbstbild. Sie betrachten sich als die Guten, als Teil der Lösung.

Allerdings, wie es in den Diskussionen über das Unterstützungskonzept oftmals heißt: Sich als Unterstützer zu bezeichnen macht einen noch nicht zum Unterstützer. *Allyship* ist ein zeit- und energieintensiver Prozess, keine Identität. Man muss daran arbeiten. Ein Großteil der einschlägigen Texte und Videos verfolgt demgemäß didaktische und informative Ziele und kommt als Ratgeber oder Checkliste daher. Diese Anleitungen für gute Unterstützer sind, genau wie die Aufräumratgeber einer Marie Kondō oder die »Clean Eating«-Tipps zur gesunden Ernährung, knappe Lifestyle-Handbücher mit Orientierungstechniken für eine neoliberale Gesellschaft, die von Privilegien und Benachteiligung geprägt ist. Individuen lernen hier, was man nicht sagen und nicht tun sollte. Sie können sich engagiert fühlen und wenn schon nicht die Welt, so doch ihre Einstellung ändern, ohne die Macht zu ergreifen und ohne irgendeinen organisierten politischen Konflikt. Die »Politik« in diesen *Unterstützer*-Anleitungen besteht aus zwischenmenschlicher Interaktion, individualisierten Gefühlen und vermittelten Affekten.

Die Ratgeber für gute Unterstützer, die online kursieren (als Blogbeiträge, Videos, Artikel und Handouts für Seminare und Universitäten), richten sich immer an ein Individuum mit privilegierter Identität, das sich gegenüber den Marginalisierten und Benachteiligten solidarisch zeigen will. Wie ich gleich genauer ausführen werde, wird dieser potenzielle Unterstützer als jemand vorgestellt, der wissen will, was man sofort, auf eigene Faust und im Alltag tun kann gegen Rassismus, Sexismus, Schwulenfeindlichkeit und andere Formen der Unterdrückung. Als Betätigungsfeld des Unterstützers gelten gemeinhin soziale Medien (wo es etwa darum geht, richtig auf rassistische oder sexistische Äußerungen bei Twitter zu reagieren), Wohltätigkeit (durch Spenden an und Organisieren von Crowdfunding-Kampagnen), der berufliche Kontext (durch Einstellen von Marginalisierten und Förderung von Benachteiligten), Gespräche an der eigenen Schule oder Universität (bei denen man weiß, was man nicht sagt) und manchmal auch der öffentliche Protest (wobei man Veranstaltungen von Anderen nicht dominieren soll). Öfter noch bilden die eigene individuelle Einstellung, Haltung und Verhaltensweise des Unterstützers das hypothetische Betätigungsfeld. Die Ratgeber belehren die Unterstützer darüber, was sie fühlen, denken und tun müssen, wenn sie sich als Menschen betrachten wollen, die auf der Seite der Benachteiligten stehen: Ändern muss sich ihr Bewusstsein.

So erläutert die offene »Anleitung zur *Allyship*«, die 2016 von der als cisgeschlechtliche schwarze Frau positionierten Amélie Lamont geschrieben wurde, nachdem die Verfasserin bei einer Auseinandersetzung mit einem Rassisten von einem weißen Unterstützer im Stich gelassen worden war:

> Unterstützer zu sein bedeutet: den Konflikt als deinen eigenen anzunehmen. Einzugreifen, auch wenn du Angst hast.

> Die Vorteile deiner Privilegien den nicht privilegierten Menschen zugänglich zu machen. Dir bewusst zu machen, dass sich das Gespräch – bei all deiner Empörung – nicht um dich dreht.[38]

Allyship ist hier eine Frage des Egos, der Selbsterkenntnis, des alleinstehenden Individuums, das sich als Einzelperson in einen Konflikt einmischt, der eigentlich nicht seiner ist. Dabei werden Konflikte wie Besitztümer oder Gegenstände aufgefasst, die man an sich nehmen, übernehmen und in sich aufnehmen kann; wobei man aufgefordert ist, diese »Erwerbungen« als etwas anzusehen, auf das man als Unterstützer kein Anrecht hat. Doch was dabei genau der Konflikt, was das Politikverständnis ist, das bleibt undurchsichtig, unausgesprochen und eine Frage der persönlichen Wahrnehmung, Haltung oder Befindlichkeit.

Noch ein weiteres Beispiel, hier aus einem BuzzFeed-Beitrag mit dem Titel »Ein besserer Unterstützer sein: Offener Brief an weiße Leute«. Der Text stammt von einer Autorin des BuzzFeed-Podcasts *Another Round* und beantwortet die Frage einer weißen Person, was es heißt, Unterstützer zu sein:

> Hattest du schon mal ein Gespräch mit einem feministischen Mann, das plötzlich ins Stocken gerät, weil dieser sich darüber beklagt, dass Feministinnen eine Sprache verwenden, die Männer und auch feministische Männer ausschließt? (»Nicht alle Männer sind …«) Ich schon! Ein guter Unterstützer zu sein heißt häufig, in ein Gespräch nicht einbezogen zu werden, weil es in dem Gespräch nicht um dich geht. Zuhören ist etwas Gutes. Wenn du dich unbehaglich und ausgeschlossen fühlst, weil du weiß bist, solltest du diese Emotionen annehmen.[39]

Abermals wird *allyship* als Charakterfrage betrachtet, als eine Auseinandersetzung nicht mit staatlicher oder kapitalistischer Macht, sondern mit dem eigenen Unbehagen. Unterstützer zu sein bedeutet, einen Habitus des Zuhörens zu entwickeln, sich selbst nicht als

Zentrum wahrzunehmen, beiseitezutreten und sich der Lebenswirklichkeiten und Erfahrungen Anderer bewusst zu werden.

In ihrem Essay »Die Grundlagen effektiver Unterstützerschaft« (ursprünglich eine Rede an der Tech Inclusion Melbourne) definiert Karolina Szczur *allyship* anhand der Emotionsintensität des Unterstützers und anhand dessen, ob der Unterstützer willens und in der Lage ist, die notwendige Arbeit an sich selbst zu leisten:

> Es liegt in unserer Verantwortung, unsere Privilegien zu erkennen, zu benennen und zu beeinflussen. Das lässt sich unter anderem erreichen durch einen ständigen Prozess der Selbstbeobachtung, der Reflexion und des Lernens. Sie werden sich verunsichert, unbehaglich, ja sogar angegriffen fühlen, doch je intensiver diese Emotionen sind, desto wahrscheinlicher sind Sie auf dem richtigen Weg.[40]

Der Umgang mit Privilegien erscheint hier als ein Akt der Innerlichkeit, einer Einwirkung des Selbst auf das Selbst. Diese Politik kann ganz im eigenen Kopf stattfinden. Der Unterstützer ist nicht Teil des Symbolischen, sondern des Imaginären: ein Ideal-Ich beziehungsweise eine idealisierte Version dessen, der wir sein wollen, und eben kein Ich-Ideal beziehungsweise Blickwinkel, aus dem heraus wir uns einschätzen. In dieser Hinsicht spiegelt *allyship* den Rückzug oder Niedergang des Politischen. Der Raum für Politik ist geschrumpft, doch der Unterstützer verspürt das Bedürfnis zu handeln, unbedingt, dringend und sofort. Unterstützer beeinflussen das, was greifbar ist, dort, wo es greifbar ist: sich selbst, in den sozialen Medien.

Dieser Bewusstwerdungsprozess übernimmt eine zentrale Forderung des kommunikativen Kapitalismus: Bilde dich. Google es. Behellige die Benachteiligten nicht mit deinen Fragen. Das Online-Magazin *Everyday Feminism* listet zehn Dinge auf, die Unterstützer wissen müssten. Der fünfte Punkt auf dieser Liste lautet: »Unterstützer bilden sich kontinuierlich fort.« Zur Erläuterung heißt es:

> Eine der wichtigsten Bildungsarten ist das Zuhören [...] aber es gibt unendlich viele Hilfsmittel, die Sie beim Lernen

> unterstützen (Bücher, Blogs, Fernseh- und Radiosender, Veranstaltungen, YouTube-Videos usw.). *Erwarten Sie aber bitte nicht, dass diejenigen, die Sie unterstützen wollen, Ihnen etwas beibringen.* Das liegt nicht in ihrer Verantwortung. Natürlich sollten Sie ihnen zuhören, wenn sie einen Teil ihrer Erfahrungen oder Ansichten teilen, aber glauben Sie nicht, sie müssten Ihnen die Mechanismen ihrer Benachteiligung erklären.[41]

Dieser eigenverantwortliche Bildungsprozess isoliert und individualisiert. Lernen wird begriffen als Konsumption von Informationen – anstatt als Diskussion, als Erarbeitung eines gemeinsamen Verständnisses, als Auseinandersetzung mit den Texten und Dokumenten einer politischen Tradition. Das eigenverantwortliche Lernen hat keinen Bezug zu kollektiv geübter Kritik und ist losgelöst von politischen Positionen oder Zielen. Kriterien, mit denen man Bücher und Blogs, Veranstaltungen und Videos beurteilen könnte, fehlen. Solche Kriterien zu entwickeln obliegt allein dem einzelnen Unterstützer. Das heißt im Grunde: Strafe ohne Disziplin. Der Möchtegern-Unterstützer kann gescholten und bloßgestellt werden, wobei der Kritiker jeder Verantwortung enthoben ist, eine konkrete Anleitung und Unterweisung zu liefern. (Jemandem einfach »Google es doch!« an den Kopf zu knallen, nützt gar nichts.) Bedenkt man zudem, dass »Unterstützer« keine Anrede ist und nicht an die Stelle von »Herr«, »Frau«, »Dr.« oder »Prof.« treten kann, dann scheint das Wort »Unterstützer« weniger Solidarität auszudrücken, als vielmehr eine Grenze zu ziehen, die besagt, dass man nie dazugehören wird. Die Beziehung zwischen Unterstützern und den Menschen, die sie unterstützen, ist ein Verhältnis zwischen Menschen mit verschiedenen Interessen, Erfahrungen und Praktiken.

Der achte Punkt der Liste dessen, was Unterstützer wissen müssen, lautet: »Unterstützer wenden sich an Menschen ihrer Identität«, ihrer Gruppe. »Neben dem Zuhören *kann ich mich am besten solidarisch zeigen, indem ich die Menschen meiner Identitätsgruppe sensibilisiere.*«[42] Identität erscheint hier als klar und feststehend, unzweideutig und unveränderbar. Individuen sind demnach wie kleine souveräne Staaten, die ihr Territorium verteidigen und sich nur unter der Maßgabe höchster Vorsicht und Eigennützigkeit zusammenschließen. Wer einer gemeinsamen Identität zugeordnet ist, dem wird eine gemeinsame Politik unterstellt – als läge die Identität auf der Hand und als müsste Politik nicht erst hergestellt werden. Wer für eine Politik eintritt, deren Grundlage nicht leichthin der eigenen Identität zugeordnet werden kann, erscheint verdächtig, wird wegen seiner mutmaßlichen Privilegien misstrauisch beäugt und erntet von vornherein Kritik an den zahlreichen Missständen, auf denen diese Privilegien fußen. Das Konzept der *allyship* selbst bietet Grund für dieses Misstrauen, gegen das Ratgeber à la »Wie werde ich ein besserer Mensch« angeblich anschreiben: Tatsächlich ist es sinnvoll, Menschen zu misstrauen, die Politik lediglich als unmittelbare Genugtuung begreifen, als individualisierten Notbehelf für sehr alte Formen struktureller Benachteiligung und Unterdrückung. Weil Unterstützer sich unter eigennützigen Maßgaben zusammenschließen, können sie sich jederzeit einfach zurückziehen und aussteigen, uns im Stich lassen. Wir können ihrer nicht sicher sein, denn ihr Engagement steht und fällt mit individuellen Einsichten und Befindlichkeiten. Punkt acht in dem Artikel (»Unterstützer wenden sich an Menschen ihrer Identität«) verrät uns, warum das Unterstützerkonzept in linksliberalen Kreisen so gut ankommt. Das Misstrauen gegenüber anderen Identitäten gilt nun auf einmal als funktional und vorteilhaft, und zwar namens einer Politik, die unser ganz besonderes und angreifbares Eigentum – die Identität – aufrechterhält und reguliert und dessen ebenso schwache wie poröse Grenzbereiche aufpoliert. Das Unterstützungskonzept lenkt ab: von der furchteinflößenden Prüfung, sich für eine Seite zu entscheiden; vom Hinnehmen der Disziplin, die mit kollektiver Arbeit einhergeht; von den Organisationsbestrebungen zur Abschaffung des rassistisch-patriarchalen Kapitalismus und eines Staates, der zu dessen Schutze konzipiert ist.

Anstatt also politische Identitäten zu verbinden oder eine Politik auf die Beine zu stellen, die Identität hinter sich lässt, ist *allyship* ein Symptom der Politikverdrängung zugunsten individualistischer Selbsthilfe-Techniken und moralinsaurer sozialer Medien im kommunikativen Kapitalismus. Zu ihren Grundannahmen zählen: selbstbezogene Individuen, Politik als Besitzgegenstand, eine auf die Haltung reduzierte Transformation und ein unumstößliches, naturalisiertes Zusammenspiel von Privileg und Unterdrückung. Die Akzentuierung des Unterstützens wurzelt in der Auffassung, Identität sei der primäre politische Faktor, und verlagert mithin die Aufmerksamkeit von strategisch-organisatorischen und taktischen Fragen hin zu verhaltenstechnischen Lackmustests, die von vornherein jene Kollektivität ausschließen, auf die eine revolutionäre linke Politik angewiesen ist. Natürlich braucht die Linke Unterstützer und Bündnispartner. Wer Fortschritte machen will, muss mitunter befristete Bündnisse schließen. Ein Kampf mit dem Kommunismus als Horizont wird eine Reihe taktischer Bündnisse zwischen verschiedenen Klassen, Sektoren und Strömungen erfordern. Aber zeitweilige Unterstützer, die auf ihre Eigeninteressen konzentriert sind, sind nicht dasselbe wie Genossen – obwohl sie Genossen werden können. Insofern sollte meine Kritik am Unterstützer als Symptom und Beschränkung der aktuellen Identitätspolitik nicht missverstanden werden als Ablehnung praktischer Bündnispolitik im Rahmen politischer Auseinandersetzungen. Das wäre absurd. Meine Ablehnung gilt dem Unterstützungskonzept als Form und Modell der Kämpfe gegen Benachteiligung, Verelendung, Enteignung und Ausbeutung.

Der kommunikative Kapitalismus fordert Einmaligkeit. Wir sollen wir selbst sein, für uns selbst sprechen und alles selbst machen. Sich einzufügen, nachzumachen und anderen das Wort zu überlassen wird weithin als schlecht angesehen, als Zeichen für Schwäche, Unwissenheit oder Unfreiheit. Die Unmöglichkeit individueller Politik, die Tatsache, dass politischer Wandel immer nur kollektiv stattfinden kann, wird ausgeblendet und verdrängt zugunsten der unausgegorenen Überzeugung, wir würden von Systemen und Kräften bestimmt, die jenseits unseres Handlungsspielraums liegen. Das Klima verändert sich. Wir nicht.

Mit der Erkenntnis, dass die Fixierung auf individuelle Identität der Grund unserer politischen Ohnmacht ist, können wir neue Handlungsspielräume erlangen durch die kollektiven Kräfte derjenigen, die in einem Kampf auf derselben Seite stehen. Wir können mehr sein als Unterstützer, denen es um die Verteidigung ihrer individuellen Identität geht und um die Belehrung Anderer, was diese für sie zu tun haben. Wir können Genossen sein, die zusammen für die Veränderung der Welt kämpfen. Ich stimme Mark Fishers wichtigem Memo zu: »Wir müssen lernen, oder: wieder lernen, wie man Kameradschaftlichkeit und Solidarität herstellt, anstatt das Geschäft des Kapitals zu besorgen und uns gegenseitig zu verurteilen und zu beschimpfen.«[43]

Während der Unterstützer hierarchisch, spezifisch und nachgiebig ist, ist der Genosse egalitär, generisch und utopisch; deshalb vermag das Verhältnis unter Genossen die Beschränkungen des Alltags (sprich: der kapitalistischen Gesellschaftsverhältnisse) zu durchbrechen. Im folgenden Kapitel greife ich mögliche Einwände gegen diese Idee des generischen Genossen auf. Meine Beispiele in Kapitel zwei wie im gesamten Buch speisen sich weitgehend, aber nicht ausschließlich aus der Geschichte der Kommunistischen Partei der Vereinigten Staaten, der CPUSA. Da es in quasi jedem Land der Welt kommunistische Parteien und Organisationen gegeben hat, könnten die Beispiele aber von fast überallher stammen. Die meisten Parteien standen irgendwann einmal vor ähnlichen Problemen. Ich verwende Beispiele aus den USA, weil sie belegen, dass selbst eine äußerst individualistische, kapitalistische, rassistische, vom Kalten Krieg durchdrungene politische Kultur wie die US-amerikanische einen Modus politischer Zugehörigkeit hervorgebracht hat, der als Alternative zur *allyship* taugt. Mein Ziel ist es, eine andere mögliche Geschichte ans Licht zu bringen – eine Geschichte, die Genossen in polarisierten und scheinbar nicht-revolutionären Verhältnissen geschrieben haben, in Verhältnissen, die unseren nicht unähnlich sind.

2. DER GENERISCHE GENOSSE

Angesichts der aktuell heftig, vor allem im globalen Norden politisierten Identitäten dürften manche zu bedenken geben, die Chiffre Genosse ignoriere Geschlecht wie Abstammung gleichermaßen und transportiere eine männliche, weiße Gedankenwelt. Dieses Kapitel greift die damit verbundenen Fragen auf und verweist auf die Macht des Konzepts Genosse unter den Bedingungen des patriarchal-rassifizierten Kapitalismus. Ich werde spekulativ-synthetisch vorgehen und ziele weder auf eine lineare Geschichtsschreibung noch auf eine detaillierte Kritik der verschiedenen, real existierenden Sozialismen. Stattdessen isoliere ich Beispiele aus ihren Zusammenhängen und berge sie auf diese Weise für gegenwärtige Kämpfe um eine andere Zukunft. Anstatt in den Ruinen des Kommunismus zur Salzsäule zu erstarren, können wir die Ruinen nach den Hoffnungen und Lektionen der Vergangenheit durchstöbern und diese Überreste nutzbringend verwenden für unseren Organisations- und Aufbauprozess.

Die Genossin

Kommen wir zunächst zum Männlichkeitsvorwurf: Obwohl er in den Publikumsgesprächen meiner Veranstaltungen häufig formuliert wird, halte ich die Idee für befremdlich, dass nur ein Mann Genosse sein kann. Ich denke sofort an: Rosa Luxemburg, Angela Davis, Alexandra Kollontai, Claudia Jones, Clara Zetkin, Sylvia Pankhurst, Dolores Ibárruri, Zhang Qinqiu, Marta Harnecker, Grace Lee Boggs, Leila Khaled, Luciana Castellina, Tamara Bunke ... Zumindest einige dieser Namen dürften bekannt sein. Sie waren Frauen, und sie waren Genossen. In ihrem Klassiker *Rassismus und Sexismus* zählt Angela Davis einige der Aktivistinnen auf, die in den frühen Jahren der CPUSA aktiv waren: »›Mutter‹ Ella Reeve Bloor, Anita Whitney, Margaret Prevey, Kate Sadler Greenhalgh, Rose Pastor Stokes und Jeanette Pearl«.[44]

Wenn die Chiffre des Genossen weder hauptsächlich noch wesentlich männlich ist – sondern vielmehr generisch, typisch ist und die Form eines politischen Verhältnisses zwischen Menschen auf derselben Seite darstellt, die von gesellschaftlich vorgefundenen oder naturalisierten Identitäten abstrahiert, insofern sie ein gemeinsames Feld der Gleichstellung und Zugehörigkeit voraussetzt –, dann sind individuelle Namen (wie ich sie eben aufzählte) dafür wohl aber nicht das beste Argument. Dem individuellen Namen fehlt das für »Genosse« entscheidende Element der Relationalität. Eine bessere Entgegnung auf die Bedenken, »Genosse« sei männlich und abstrahiere faktisch nicht von gesellschaftlich vorgefundenen Identitäten, käme auf die vielen Frauen zu sprechen, die weltweit Teil des bewaffneten kommunistischen Kampfes waren und heute noch sind – etwa auf den Philippinen und in Indien, wie Arundhati Roy in ihrem Buch *Wanderung mit den Genossen* beschreibt.[45] Noch überzeugender wird das Plädoyer gegen eine maskulinistische Verengung von »Genosse« vielleicht, wenn wir uns die große Bandbreite der Frauengruppen und -veranstaltungen in Erinnerung rufen, die im 20. Jahrhundert für kommunistische Kreise weltweit ebenso unabdingbar waren wie die unzähligen Kommissionen, Ausschüsse, Konferenzen und Veröffentlichungen zur Organisierung der Frauen. Die erste internationale sozialistische Frauenkonferenz beispielsweise fand 1907 statt. Alexandra Kollontai berichtet, das Hauptthema dieser lebendigen, dynamischen Konferenz sei das Arbeiterinnenwahlrecht gewesen, das sie befürwortet habe. Die Delegation der deutschen Genossinnen schlug vor, die Sozialdemokratie solle die Forderung nach dem allgemeinen Wahlrecht um den Zusatz »ohne Unterschied des Geschlechts« ergänzen – denn dieses Recht hatten auch die männlichen Arbeiter in Europa noch nicht überall errungen. Die Forderung war umstritten. Kollontai bemerkt, »das Bewußtsein von der Wichtigkeit der politischen Gleichberechtigung der Proletarierinnen für die Interessen der gesamten Klasse hat sich noch nicht fest und sicher verwurzeln können.«[46] Folglich könnten opportunistische Kompromisse zugunsten des allgemeinen Männerwahlrechts das Arbeiterinnenwahlrecht zurückstellen – zulasten der Klasseneinheit und eines größeren Stimmengewichts der Arbeiterklasse. Auch könnte, wie es in der britischen Suffragettenbewegung der Fall war, im starken Einsatz für die Fraueninteressen der Klassenkampf aus dem Blick geraten. Die Sozialisten müssten sich für das Arbeiterinnenwahlrecht einsetzen, erklärte Kollontai und zeigte sich zuversichtlich, dass die Erlangung des Frauenwahlrechts auch den männlichen Arbeitern und allen Frauen zugutekommen werde.

Wie Lenin in einem Gespräch mit Clara Zetkin nachdrücklich zum Ausdruck brachte, können Frauen ebenso Genossen sein, auch wenn er den Gedanken zurückwies, die Kommunistische Partei solle eine eigenständige Frauenorganisation aufstellen. Seine Haltung zur Frauenfrage deckt sich mit seiner Position zur Organisierung der verschiedenen Nationalitäten in Russland. Die Sozialdemokratische Arbeiterpartei Russlands (SDAPR) wurde als Partei für das *gesamte* Proletariat gegründet, und im Jahr 1913 erläuterte Lenin, die Verhältnisse in Russland verlangten

> unbedingt von der Sozialdemokratie den *Zusammenschluß* der Arbeiter aller Nationalitäten in ausnahmslos allen proletarischen Organisationen (den politischen, gewerkschaftlichen, genossenschaftlichen, den Bildungsorganisationen usw. usf.). Nicht Föderation im Parteiaufbau, nicht Bildung nationaler sozialdemokratischer Gruppen, sondern Einheit der Proletarier aller Nationen in jedem Ort. Dabei soll die Propaganda und Agitation in *allen* Sprachen des in den betreffenden Orten lebenden Proletariats betrieben, der Kampf der Arbeiter aller Nationen gegen nationale Privilegien gleich welcher Art gemeinsam geführt werden, sollen die örtlichen und Gebietsorganisationen der Partei Autonomie genießen.[47]

Dasselbe Prinzip wandte Lenin auf die Frauenfrage an und sagte: »Wer Kommunistin ist, gehört als Mitglied in die Partei wie der Kommunist. Mit gleichen Pflichten und Rechten. Darüber kann es keine Meinungsverschiedenheit geben.«[48] Gleichzeitig hielt er Kommissionen sowie »besondere Agitationsmethoden und Organisationsformen« für notwendig, deren Aufgabe es sei, die Arbeiterinnen, Kleinbäuerinnen und Kleinbürgerinnen zu wecken und mit der Partei zu verbinden. Für notwendig hielt er es auch, dass die Partei »Forderungen zugunsten der Frauen« aufstelle.[49] Durch solche Forderungen demonstriere die Partei, dass sie die von Frauen erlittenen Demütigungen wahrnehme, dass sie das »Vorrecht des Mannes« begreife und verabscheue: »Daß wir alles hassen, jawohl, hassen und beseitigen wollen, was die Arbeiterin, die Arbeiterfrau, die Bäuerin, die Frau des kleinen Mannes, ja in mancher Beziehung sogar auch die Frau der besitzenden Klassen drückt und quält.«[50]

Dass Genossen auch Frauen und Frauen auch Genossen sind, wird ebenfalls klar, wenn wir uns die changierenden Ansichten zu Geschlechterrollen und Familienbild in Erinnerung rufen, die der Begriff »Genosse« transportiert hat. Einerseits haben wir die frühsowjetischen Experimente zur Abschaffung der bürgerlichen Familien- und Sexualnormen und zum Aufbau neuer, egalitärer Beziehungen im Geiste der Genossenschaftlichkeit und Solidarität. Genossenschaftlichkeit bedeutet hier, durch die Vergesellschaftung der Aufgaben sozialer Reproduktion diejenigen Praktiken abzuschaffen, die Frauen zu Menschen zweiter Klasse machen. Andererseits lässt sich auf die Jahre der amerikanischen Volksfront verweisen, in denen die Kernfamilie sowie die pädagogische Mutterrolle der Frauen und insbesondere deren Fähigkeit in den Vordergrund gestellt wurden, eine neue Generation klassenbewusster Kommunisten aufzuziehen.[51] Wie die Kommunistische Partei der Sowjetunion, so vollzog auch die CPUSA Ende der 1930er-Jahre eine konservative Wende und distanzierte sich von ihrer Kritik der bürgerlichen Familie und ihrem Image als Fürsprecher der freien Liebe.[52] Der damalige Mutterkurs der CPUSA hinderte Kommunistinnen jedoch nicht daran, chauvinistische Ehemänner zur Verantwortung zu ziehen. Zumindest »ein männlicher Kommunist wurde aus der Führungsriege entfernt, weil er die Mitwirkung an der Kinderbetreuung verweigerte«, wie Barbara Foley belegt.[53] Auch wenn ihre Stärken und Rollen Unterschiede aufwiesen, in der Partei waren

Männer und Frauen Genossen und konnten Gleichberechtigung durchaus erwarten. Übrigens attestiert auch die Populärkultur des Kalten Krieges, dass der Genosse nicht notwendigerweise männlich ist: Filme, Fernsehsendungen, Groschenromane, Zeitschriften und die Werbung kolportierten Stereotypen, die sich über die Androgynität der Genossinnen lustig machten, aber auch die fantasmatische Vorstellung verbreiteten, attraktive KGB-Agentinnen würden ihre Reize einsetzen, um gute Amerikaner zum Verrat an ihrer Regierung zu verführen.

In seiner Beschreibung der revolutionären Linken in den 1930er-Jahren hebt Murray Kempton die Genossinnen besonders hervor:

> Die Erinnerung an die Dreißiger wird überragt von der Frau Genossin: Sie schien aus Fischbein gemacht und oft stärker als der Mann. Wenige von uns, die wir nicht so stark waren, wie wir es damals hätten sein müssen, werden jemals den Augenblick vergessen, in dem uns ein Racheengel, Agentin der Bewegung, zur Rede stellte und unserer Pflichten gemahnte, wie die ältere Schwester, die uns zum Essen ruft.[54]

Wie aus Kemptons Worten klar hervorgeht, waren Frauen zwar Genossen, aber die kommunistischen Männer wandten sich deswegen noch nicht mit besonderer Aufmerksamkeit gegen sexistische Stereotype. Dennoch verpflichtete sich die Partei zum Kampf für die Gleichstellung der Frau und schuf damit einen Raum für radikale Aktivistinnen. Im Laufe der 1930er-Jahre stieg der Frauenanteil in der CPUSA auf vierzig Prozent.[55] 1944 sollten sie gleich stark vertreten sein.[56] Schwarze Frauen im Gefüge wie im Umfeld der Partei – etwa Claudia Jones, Esther Cooper Jackson, Louise Thompson Patterson, Thyra Edwards, Marvel Cooke und Ella Baker – arbeiteten aktiv daran, antifaschistische und antirassistische Kämpfe zu verknüpfen und das Augenmerk der Partei auf die spezifischen Formen der Unterdrückung und Benachteiligung zu lenken, die schwarze Frauen erfuhren. In einem Artikel von 1936, der in der kommunistischen Parteizeitschrift *Woman Today* erschien, theoretisiert Louise Thompson Patterson die dreifache Ausbeutung schwarzer Frauen: »als Arbeiter, als Frauen und als Schwarze«.[57] Claudia Jones sollte diese Theorie in den späten 1940ern weiterentwickeln. Jones' Aufsatz »Schluss mit der Vernachlässigung der Probleme der schwarzen Frau!« (vor ihrer Verhaftung und Ausweisung kraft des Smith Act veröffentlicht) hat – so führt Erik S. McDuffie aus – »das Denken in der CPUSA über Rasse, Geschlecht und Klasse tiefgreifend beeinflusst« und führte in den Parteipublikationen zu einer Reihe von Artikeln über die dreifache Ausbeutung schwarzer Frauen.[58]

Im Anschluss an Friedrich Engels' Analyse zum *Ursprung der Familie, des Privateigentums und des Staates* vertrat die CPUSA die Auffassung, die Unterordnung der Frauen unter die Männer sei weder ein natürliches noch ein universelles Phänomen, sondern eine Folge der Ausbeutung.[59] Margaret Cowls 1935 erschienene Schrift »Frauen und Gleichheit« (Teil einer Reihe über Frauen, die die Partei in den 1930ern veröffentlichte) umreißt den Zusammenhang zwischen Privateigentum und Unterdrückung der Frau:[60] Als die Männer das Eigentum privatisierten, verloren die Frauen ihre Freiheit und gerieten mittels der Institution der Ehe unter die Kontrolle der Männer. Obwohl sie den Männern ihrer Klasse nicht gleichgestellt und von ihnen abhängig seien, profitierten bürgerliche Frauen insofern von der Ausbeutung, als sie über Bedienstete verfügten. Die Arbeiterfrauen seien vom Lohn abhängig, die fortschreitende Industrialisierung ersetze die Heimproduktion und entwerte damit ihre Kunstfertigkeit, während der Fabrikakkord ihre Ausbeutung verstärke. Erwerbstätige Frauen, deren Anteil unter den Ehefrauen Cowl auf annähernd 46 Prozent (und im Süden auf bis zu 70 Prozent) schätzte, stünden vor einer Reihe besonderer Herausforderungen: die Propaganda, mit der Frauen vom Arbeitsmarkt verdrängt werden sollten (folglich Angst um den Arbeitsplatz, was ihre gewerkschaftliche Organisierung erschwerte); die unternehmerseitige Instrumentalisierung der weiblichen »Zuneigung zu ihren Familien«, dadurch Deckelung der Löhne; die gesetzliche Festschreibung niedrigerer Löhne für weiße und noch niedrigerer Löhne für schwarze Frauen; der fehlende Mutterschutz, mit dem Frauen auch nach der Schwangerschaft ihren Arbeitsplatz hätten behalten können; die »teuflischen Gesetze gegen Geburtenkontrolle«, welche die Frauen den »Schwarzmarkt- und Schmugglerpreisen für Informationen zur Geburtenkontrolle« auslieferten; und die Plackerei der Hausarbeit.[61] Um diese Herausforderungen anzugehen, setzte sich die Kommunistische Partei ein für gleichen Lohn für gleiche Arbeit, Mutterschutz, die »Abschaffung des Verbots der Geburtenkontrolle«, kostenfreie Kinderbetreuung für erwerbstätige Mütter, »kostenfreie Kliniken zur Geburtenkontrolle« und für die Abschaffung von Gesetzen, die Frauen diskriminierten.[62] Für weiße Frauen, schließt Cowl, sei es absolut notwendig, auch für die Gleichberechtigung schwarzer Frauen zu kämpfen und die Befreiung der Schwarzen zu unterstützen.

Kate Weigands *Roter Feminismus* korrigiert einige der Fehleinschätzungen über die CPUSA, die in den USA im Laufe der Achtziger in feministischen Kreisen weite Verbreitung fanden und noch heute kolportiert werden.[63] Sie dokumentiert die Kontroverse um das Parteimitglied Mary Inman, deren 1940 erschienenes Buch *Zur Verteidigung der Frau*[64] in einer Parteiveröffentlichung von 1941 kritisiert worden war und die es sich in der Folge zur Lebensaufgabe machte, eine Veränderung der Parteianalyse zur Frauenfrage zu erzwingen. Weigand unterstreicht, dass ein Großteil von Inmans Buch die Parteiposition der 1930er-Jahre widerspiegelte, aber auch neue Gedanken entwickelte, die die Partei später übernahm – insbesondere zum Einfluss kultureller Normen und Praktiken, zur Rolle der Familie in der Vermittlung von Geschlechternormen und zur Unterjochung in Gestalt der Schönheitspflege.[65]

Zur Verteidigung der Frau unterbreitete auch eine neue Theorie der Hausarbeit als gesellschaftlich produktiver Arbeit. Hausfrauen produzierten, so paraphrasiert Weigand, »die Arbeitskraft gegenwärtiger und künftiger Arbeitergenerationen«.[66] Sie leisteten diese Arbeit »für Kapitalisten, die diese vermittels der Löhne ihrer Ehemänner bezahlen«.[67] Inmans Buch wurde im *Daily Worker* positiv besprochen. Die Schulungszentren der Kommunistischen Partei verwendeten es in ihren Kursen. Inman wurde beauftragt, an einer Arbeiterschule in Los Angeles zu unterrichten. In der Partei wurden ihre Argumente diskutiert. Der Konflikt brach offen aus, als die Vertreter der kalifornischen Parteiführung Eva Shafran und Al Bryan »in Inmans Klasse kamen und ihren Schülern erklärten, dass, entgegen der Worte ihrer Lehrerin, Hausarbeit keine produktive Arbeit ist.«[68] Inmans Kurs wurde abgesetzt, und sie begann mit Eingaben entlang der Parteihierarchie. Ein Treffen mit Mitgliedern der Landesleitung, darunter Elizabeth Gurley Flynn und Ella Reeve »Mutter« Bloor, ging gründlich schief: Nicht nur wies die nationale Leitung Inmans Sicht auf die Hausarbeit (aus taktischen wie aus theoretischen Erwägungen) zurück, sondern man warf ihr auch vor, dickköpfig zu sein, Andersdenkende persönlich anzugreifen und sich selbst in der Messiasrolle zu sehen.[69]

Dennoch betrachtete die Partei Inman als eine Genossin. Weigand zitiert aus einem Brief, in dem Bloor eine Freundin bittet, »Mary Inman [zu] zeigen, dass wir ehrliche und aufrechte Genossen sind und wirklich versucht haben, in den Vorschlägen auf einen ›gemeinsamen Nenner‹ zu kommen, damit sie nicht verbittert und verärgert nach Hause fahren muss«.[70] Auch Flynn wandte sich hilfesuchend an Parteigenossen, sie mögen Inman davon überzeugen, die Kontroverse ruhen zu lassen und Wege zu finden, um »in unserer Partei nützlich und glücklich« zu werden.[71] Doch Inman wollte nichts weniger als die vollumfängliche Anerkennung ihrer Auffassung durch die Partei. Die sollte sie nicht bekommen. Stattdessen veröffentlichte die Theoriezeitschrift der Partei, *The Communist*, eine Kritik an dem Gedanken, Hausarbeit sei produktive Arbeit, auch wenn man Inman nicht namentlich erwähnte. Deren Autor, Avram Landy, erklärt, dass Hausarbeit natürlich nützliche Arbeit, der Marxismus-Leninismus jedoch keine Theorie der Nützlichkeit für das kapitalistische System sei, sondern eine Theorie der Ausbeutung der Arbeit.[72] Aus dieser Perspektive müsse die Hausarbeit als Plackerei verstanden werden, als Teil einer Lage der Frau, die verändert werden muss und verändert werden kann. Landy erklärt weiterhin, das Recht der Hausfrau auf eigene Forderungen »erwächst nicht aus ihrer ›Nützlichkeit‹, sondern aus ihrer Eigenschaft als Mensch, als Teil der Arbeiterklasse und werktätigen Bevölkerung, der unterdrückt und unterworfen ist. Es ist diese unterdrückte und unterworfene Stellung die einzige Quelle ihres ›Rechts‹, Forderungen aufzustellen.«[73] Inman verließ die Partei.

Aber sie gab sich auch die nächsten vierzig Jahre lang nicht geschlagen. In Rundbriefen, Artikeln, Büchern, Flugschriften und Briefen an die Parteiführung und an linke Zeitungen griff sie die Kommunistische Partei wegen deren Haltung zur Frauenfrage an. Sie verbreitete eine Verschwörungstheorie, wonach die Partei beabsichtige – und das habe bereits mit dem Einfluss von J. Edgar Hoover auf Nikolai Bucharin begonnen –, alle Arbeiten zu Frauenfragen einzustellen und zu liquidieren. Inman war nicht Teil der neuen feministischen Welle, sondern befasste sich mit dem »Browder'schen Revisionismus« der 1940er- und 1950er-Jahre – einem bezeichnenden Thema, wenn man bedenkt, dass Earl Browder als ehemaliges Führungsmitglied bereits 1946 aus der Kommunistischen Partei ausgeschlossen worden war.[74] Wie Weigand ausführt, versandte Inman ihre Texte seit den 1970ern an verschiedene feministische Akademikerinnen. Von eigenen Erlebnissen in der Neuen Linken verletzt, trugen diese Inmans Version der Geschichte weiter – derzufolge sie von Männern aus der Partei gedrängt worden sei, die sich einer Diskussion mit ihr verweigerten – und schlussfolgerten daraus, »die Partei widersetzte sich vor dem Zweiten Weltkrieg und auch in den späten vierziger und fünfziger Jahren jeglicher Debatte über die Probleme der Frauenunterdrückung und diesbezügliche Aktivitäten.«[75] Noch 2015 wiederholte die Redaktion des *Viewpoint Magazine* Inmans Version von der Haltung der Kommunistischen Partei zur Frauenfrage und erklärte, Inman habe »das Zusammenspiel von ökonomischem Reduktionismus und identitärem Reformismus in der CPUSA« bloßgestellt; dagegen habe die Kommunistische Partei »die wirtschaftliche Bedeutung der Frauenarbeit« negiert und »das soziale Phänomen der Mutterrolle« naturalisiert, womit man den »›Kampf gegen die kapitalistische Unterdrückung der Frau‹ auf die ideologische Anfechtung der ›Überlegenheit des Mannes‹« reduziert habe.[76] Weigands sorgfältige Forschung, ganz zu schweigen von den Veröffentlichungen und Aktivitäten der Partei selbst, entzieht dieser Behauptung den Boden. Selbst Landys kritischer Vorstoß gegen Inmans Position zur Hausarbeit zeugt von einer facettenreicheren Parteiperspektive, als sie das Inman-Playback im *Viewpoint Magazine* für möglich hält. Nicht nur benennt Landy die Unterwerfung der Frauen durch »kapitalistische Produktionsverhältnisse«, sondern er umreißt auch Forderungen, die sich aus der konkreten Lage der Hausfrauen ergeben: »bessere Wohnsituation, niedrigere Mieten, [...] Kindertagesstätten, kostenlose Mittagsspeisung für Kinder«.[77]

Vor diesem empirischen Hintergrund muss der Einwand, »Genosse« sei männlich, entweder von Wissenslücken oder von Geschichtsvergessenheit herrühren. Geschichtsvergessenheit kann zu der Annahme verleiten, »der Genosse« funktioniere wie »der Bürger«, welcher assoziiert wurde mit den Rechten und Verantwortlichkeiten von Männern als Eigentümer, Amtsinhaber und Soldaten. Geschichtsvergessenheit könnte auch vermuten lassen, »Genosse« sei ein Synonym für »Proletarier« – ein Wort, das seinerseits eine übermäßige, maskulinistische Verengung erfahren hat. Dabei haben sich schon im 19. Jahrhundert weibliche und männliche Sozialisten, die sich einer umfassenden sozialen Transformation verschrieben hatten, als »Genossen« bezeichnet. Durch ihre Generizität vermag die Bezeichnung »Genossen« nicht nur Männer und Frauen zu umfassen, sondern auch verschiedenste, wandelbare Ansichten zum sozialen Geschlecht.[78]

Vielleicht aber ist diese Dissoziation der weiblichen Genossen ein Symptom. Vielleicht ist sie in der Angst begründet, etwas sehr Wertvolles und Einmaliges zu verlieren. Anders gesagt, womöglich geht es bei der kritischen Haltung zur unterstellten Männlichkeit gar nicht um die Männlichkeit von »Genosse«, sondern tatsächlich um eine Angst vor dem Verlust der spezifischen Individualität. Wir müssen uns dieser Angst stellen: Das Konzept »Genosse« pocht auf die Gleichstellung gebietende Gleichheit, die entsteht, wenn man in einem politischen Kampf auf derselben Seite steht. Es durchbricht den Alltag und konfrontiert ihn mit egalitären Modi des Handelns und der Zugehörigkeit. Es befreit die Genossen von den beengenden Erwartungen der Identität, die uns im patriarchal-rassistischen Kapitalismus eingeprägt und abverlangt wird. Im Alltagsleben stoßen wir auf Hass und Vorurteile, aber von den eigenen Genossen kann man wohl etwas mehr, etwas Besseres erwarten. Fredric Jameson fasse, so Kathy Weeks, die »Angst vor der Veränderung« im Verein mit der Angst vor der Utopie als

> eine beißende Furcht eingedenk all dessen, was wir im Verlaufe einer so kraftvollen Transformation zu verlieren drohen, die wohl – selbst in der reinen Vorstellung – nur ein Minimum aktueller Leidenschaften, Gewohnheiten, Praktiken und Werte unversehrt ließe.[79]

Die Angst, »Genosse« sei männlich, spiegelt die Angst vor einem politischen Verhältnis, das nicht der Differenz und Individualität den Vorrang einräumt, das nicht bei der Sorge um den Einzelnen ansetzt, sondern sich konzentriert auf die gemeinsame Arbeit für ein gemeinsames Ziel.

Dass sich Frauen und Männer als Genossen gegenübertreten, bedeutet nicht, dass die geschlechtsbasierte Hierarchie verschwindet. Robin D. G. Kelley unterstreicht, in den 1930er-Jahren seien weiße Genossinnen im Allgemeinen »an die Vervielfältigungsgeräte und auf gelegentliche öffentliche Auftritte verwiesen« gewesen.[80] Schwarze Frauen stiegen in mittlere Führungspositionen auf; viele von ihnen waren mit der Kampagne für die Freilassung der Scottsboro Boys in die Partei gelangt (es ging um neun schwarze Jugendliche, die in Alabama fälschlicherweise der Vergewaltigung zweier weißer Frauen angeklagt und zum Tode verurteilt worden waren).[81] Das Konzept »Genosse« schafft den Geschlechtsantagonismus nicht ab. Es schafft eine andere Möglichkeit der Wirkung. Es verheißt eine andere Form der Beziehung zwischen geschlechtlichen Wesen, ein politisches Verhältnis unter Genossen. Am Maßstab dieser neuen Form werden die alten Seinsformen gemessen. Das Konzept »Genosse« beseitigt Differenz nicht. Es bietet vielmehr einen Behälter, der seinem Inhalt gegenüber gleichgültig ist. Andere Faktoren des Verhältnisses zu unseren Mitmenschen – Freundschaft, Verwandtschaft, Staatsangehörigkeit, Nächstenliebe, worauf ich im folgenden Kapitel näher eingehe – werden dabei nicht ausgelöscht. Sie können unsere Genossenschaftlichkeit prägen oder beleben, bisweilen heiraten Parteimitglieder oder verlieben sich. So schreibt Angela Davis über den Verlust von George Jackson: »Für mich bedeutet Georges Tod den Verlust eines Genossen und revolutionären Führers, aber auch den Verlust einer unersetzlichen Liebe ...«[82] Vielleicht sehen wir einen geliebten Menschen, wenn wir einander in die Augen blicken, als Genossen aber blicken wir zusammen auf einen gemeinsamen Horizont (um Slavoj Žižeks Paradebeispiel zu zitieren). Das Konzept »Genosse« beseitigt auch keinen Konflikt. Es benennt ein Bestreben, das nicht immer erfüllt wird; aber man kann von Genossen erwarten, es anzuerkennen und zu verfolgen. »Genosse« ist keine empirische Bezeichnung für ein faktisches Geschehen. Es steht in der Welt als Chiffre für etwas Besseres: Wir müssen uns nicht auf familiäre oder vergeschlechtlichte Beziehungen als Norm der Interaktion beziehen. Wir können uns beziehen auf Solidarität und Genossenschaftlichkeit.

Das Unbehagen an der Männlichkeit der Genossenchiffre ist womöglich auch Ausdruck einer Sexualproblematik: Männer können den Frauen keine Genossen sein, weil ihnen der Sex in die Quere kommt. Das individuelle Begehren des Mannes stört die Genossenschaftlichkeit. Lenin spricht dieses Problem in seiner Unterhaltung mit Zetkin offen an, in einer redseligen, ungehemmten Minute. Die Rede kommt auf einen jungen Genossen, der »saust und torkelt von Weibergeschichte zu Weibergeschichte«, und Lenin bemerkt:

> das verträgt sich nicht mit der Revolution! [...] Die Revolution fordert Konzentration, Steigerung der Kräfte. Von den Massen, von den einzelnen. [...] Deshalb, ich wiederhole es, keine Schwächung, Vergeudung, Verwüstung von Kräften. Selbstbeherrschung, Selbstdisziplin ist nicht Sklaverei, auch nicht in der Liebe.[83]

Ein politisches Verhältnis zwischen geschlechtlichen Wesen ist möglich (auch dort, wo eine sexuelle Beziehung unmöglich ist, also auch wenn gilt, was Lacan lehrt: »il n'y a pas de rapport sexuel«[84]). Geschlechtliche Wesen können Genossen sein und in einem politischen Kampf auf derselben Seite stehen. »Genosse« ist etwas anderes als die Zweisamkeit der Liebe; jeder kann, aber nicht alle können Genosse sein, wie ich in Kapitel drei ausführe.

Anyone but not everyone – somit ist »Genosse« mit der von Lacan sogenannten »Seite der Frau« beseelt: Genosse ist das nicht-alle.[85] Genosse kehrt den Einen nicht als Ausnahme hervor (sprich: jeder, aber nicht alle). Ganz in diesem Sinne sagt Lenin zu Zetkin, nach seinem Exkurs zur Steigerung statt Zerstörung der Energien wie »Lebensfreude und Lebenskraft«: »Doch entschuldigen Sie, Clara! Ich bin weit abgekommen vom Ausgangspunkt unseres Gespräches. Warum haben Sie mich nicht zur Ordnung gerufen? Mir ist die Zunge [...] durchgegangen.«[86] Lenins Freude hier ist das weibliche Genießen (*jouissance féminine*) der Sprache. Er bittet Zetkin um genossenhaften Beistand, sein Überschießen wieder in Ordnung zu bringen. Lenin selbst findet diese Worte:

> Wissen Sie, Clara, ich nutze es aus, daß ich mit einer Frau zusammen war. Ich erkläre natürlich meine Verspätung mit der bekannten weiblichen Beredsamkeit. Obgleich diesmal das Vielreden wirklich nicht auf der Seite der Frau, sondern des Mannes war.[87]

Fazit: »Genosse« ist nicht männlich. »Genosse« ist eine generische Chiffre, die als Ich-Ideal fungiert. Es vermittelt den Blickwinkel, den Genossen einnehmen, wenn sie sich als politische Akteure betrachten – einen Blickwinkel, der aus ihrem Verhältnis zu Anderen auf derselben Seite eines politischen Kampfes entsteht. Diese Gleichstellung ist das utopische Element der Genossenschaftlichkeit. Die Bedingungen einer sexistischen, rassistischen und kapitalistischen Gesellschaft entfalten unweigerlich ihre Wirkung; aber »Genosse« benennt ein von diesen Faktoren nicht mehr bedingtes Verhältnis und bietet einen Ausgangspunkt, sie zu beurteilen und zu verändern.

Der schwarze Genosse

Und die Hautfarbe? Erschöpft sich das Konzept »Genosse« zwangsläufig in weißen, europäischen Politiktraditionen? Sinnvoll ist hier die gleiche Argumentation, die ich gegenüber den Männlichkeitsbedenken vertreten habe: Der Einwand, »Genosse« sei weiß, verfährt, als wären farbige und insbesondere schwarze Menschen niemals Genossen im sozialistischen und kommunistischen Sinne gewesen. Die Auffassung eines weißen oder europäischen Kommunismus verschweigt die historischen und gegenwärtigen Kämpfe in Indien, China, Algerien, auf Kuba, in Guinea-Bissau, Palästina, Angola, Vietnam, Korea, Indonesien, Südafrika, Nepal, Kolumbien, Afghanistan, auf den Philippinen, im Iran, den Vereinigten Staaten, im Jemen, ja quasi überall. Dabei entstand in den letzten Jahrzehnten ein so umfassender wie wichtiger Forschungskorpus, der die organischen Verbindungen zwischen kommunistischen, afroamerikanischen und antikolonialen Kämpfen dokumentiert – belegt ist damit die wechselseitige Bedingung einer Politik, die im Nachgang der Niederlagen der Arbeiterparteien und der Sowjetunion zerfallen ist. Hinsichtlich der schwarzen kommunistischen Bewegung in den USA liegen uns unverzichtbare Beiträge vor von Carole Boyce Davies, Barbara Foley, Dayo F. Gore, Gerald Horne, Walter T. Howard, Yasuhiro Katagiri, Robin D. G. Kelley, Minkah Makalani, Erik S. McDuffie, Mark Naison, Mark Solomon und Mary Helen Washington, um nur einige zu nennen. Diese akademische Backlist wird ergänzt durch die unschätzbaren Lebenserinnerungen schwarzer Kommunistinnen und Kommunisten wie Angela Davis, Harry Haywood und Hosea Hudson, abermals eine unvollständige Aufzählung. Mit *Klassenkämpfe und Rassenschranken* veröffentlichte Paul M. Heideman vor kurzem eine umfassende Sammlung von Quellentexten aus der US-amerikanischen sozialistischen Tradition zur »Rassenfrage«; der Band ergänzt Philip S. Foners zweibändiges Grundlagenwerk *Der amerikanische Kommunismus und das schwarze Amerika*.[88] Doch Rassismus und Antikommunismus wirken weiter darauf hin, dieses Wissenskorpus vergessen zu machen und zu verhindern, dass es in seiner ganzen Wahrheit und Komplexität zur Kenntnis genommen wird. Beide operieren mit Zerrbildern von

»Rasse« und Kommunismus, als handele es sich dabei um monolithische Einheiten und nicht um heterogene Vielfalt. Schwarze Genossen werden entdeckt und wieder vergessen, ihre Geschichte wird weitergetragen eher in den fachlichen Kämmerlein der Universitäten als im lebendigen Körper einer Partei.

Der Einwand, »Genosse« sei weiß, kann im US-amerikanischen Zusammenhang in zwei Unterstellungen zerlegt werden: Die erste Mutmaßung lautet, dass schwarze Menschen füreinander keine Genossen sind oder sein können; die zweite, dass schwarze und weiße Menschen keine Genossen sind oder sein können. Der ersten Mutmaßung zufolge wird die Politik derer, die derselben »Rassenkategorie« zugeordnet sind, von den überindividuellen Kennzeichen dieser Kategorie bestimmt. Die Idee einer Blutsverwandtschaft – »Brüder« und »Schwestern«[89] – besetzt dann die gesamte politische Gedankenwelt, als gäbe es keine politischen Trennlinien zwischen jenen Menschen, die in dieselbe Kategorie fallen. Das ist natürlich falsch. Es gab und gibt weiterhin politische Differenzen unter schwarzen Menschen, so wie unter Menschen irgendeiner anderen ethnischen, sexuellen oder geschlechtlichen Identität. In Fragen der Abgrenzung oder Assimilierung, der Akzeptanz oder Ablehnung des kapitalistischen Systems, der Strategien und Taktiken zur Befreiung zeigt sich nur die Spitze des politischen Eisbergs, der jene Menschen trennt, die derselben »Rassenidentität« zugeordnet werden.

Man kann die Hypothese, Schwarze seien einander keine Genossen, aber auch anders interpretieren, nämlich als Positionierung zur schwarzen radikalen Tradition mit der Annahme, es gebe eine schwarze radikale Traditionslinie, die vom Marxismus unabhängig sei, sich von diesem nicht ableiten lasse und also eigenständig begriffen werden müsse.[90] Biko Agozino stellt den Einfluss dieser Tradition auf Karl Marx in überzeugender Weise dar.[91] Die schwarze radikale Tradition steht aber nicht im Widerspruch zu meinem Argument, dass »Genosse« nicht ethnisch exklusiv ist – sie untermauert es. Und sie macht uns neugierig, wie und warum einige schwarze Radikale sich dem Kommunismus zuwandten und welchen Einfluss sie auf die kommunistische Bewegung hatten. Die militante schwarze Organisatorin Lucy Parsons zum Beispiel gab dem Klassenkampf den Vorrang. Parsons glaubte, biologisches Geschlecht und Hautfarbe seien »von den Unternehmern manipulierte Existenzbedingungen, die die noch schärfere Ausbeutung von Frauen und Farbigen zu rechtfertigen suchten.«[92] Sie ging sogar so weit zu behaupten, nicht einmal Lynchmorde seien ein in erster Linie rassistisches Verbrechen. Schwarze Männer würden gelyncht, nicht weil sie schwarz, sondern weil sie arm seien.[93]

Cyril Briggs ist ein weiteres, großartiges Beispiel. Als einer der zahlreichen karibischen Einwanderer, die die Harlem-Renaissance prägten,[94] gründete Briggs im September 1918 die Zeitschrift *The Crusader* (»Der Kreuzritter«).[95] Die Zeitschrift verschrieb sich dem »Rassenpatriotismus« unter dem Motto »Afrika den Afrikanern«. Schon bald nach seiner Gründung brachte der *Crusader* auch Artikel, die Kapitalismus und Kolonialismus in einen Zusammenhang stellten und sich für eine gemeinsame proletarische Identität der schwarzen und weißen Arbeiter einsetzten.[96] Das war, bedenkt man Briggs' kompromisslosen Kurs in der »Rassenfrage«, eine radikale Neuerung: Briggs verschmolz revolutionären Sozialismus mit schwarzem Nationalismus. Beispielsweise stellte er im Juli 1919 in seinem Leitartikel mit dem Titel »Machen wir ihre Sache zu unserer« fest:

> Keine andere Rasse hat in ihren Rasseninteressen eine so klare Übereinstimmung mit den Arbeiterinteressen wie die schwarze Rasse. Keine Rasse hätte größere Vorteile zu erwarten vom Triumph der Arbeiterklasse – von der Zerstörung der Parasitenzivilisation des Kapitals und ihres alptraumartigen Imperialismus, der in Afrika und auf den ozeanischen Inseln den Lebenssaft aus Millionen Menschen unserer Rasse presst –, keine andere als die schwarze Rasse.[97]

Während des blutigen Roten Sommers von 1919 beschrieb Briggs das Arbeiter- als sogenanntes Rassenproblem. Er erkannte die Verbindungslinien zwischen beiden. Das Ende des Kapitalismus käme den Schwarzen zugute.

In jenem Sommer 1919 kam es überall in den Vereinigten Staaten zu massiven Streiks – an dem Generalstreik in Seattle und an Metall- und Montanstreiks beteiligten sich hunderttausende Arbeiter. Anarchistische Bombenanschläge heizten die Situation zusätzlich an. Die schwarzen Soldaten wurden bei ihrer Heimkehr von den Fronten des Ersten Weltkriegs nicht wie Helden empfangen, sondern mit Diskriminierung, Benachteiligung und Gewalt. Bei guten Jobs wurden sie übergangen und in Hilfsarbeiten gedrängt. Randalierende Weiße griffen Schwarze an. Die Schwarzen wehrten sich. Im gesamten Süden kam es vermehrt zu Lynchmorden. Weiße Südstaatler entzündeten sogar Scheiterhaufen, und der Bundesstaat Mississippi sah zu, wie ein schwarzer Mann bei lebendigem Leibe verbrannt wurde: Der Gouverneur erklärte, er habe es nicht verhindern können, man hätte ihm aber versichert, die »notwendigen Vorkehrungen« seien getroffen worden und der Mob werde sich an diese Vorkehrungen halten. Dreitausend Menschen versammelten sich als Zuschauer.[98] Die schwarze Presse – dazu zählten mehr als 200 Zeitungen – forderte die Schwarzen auf, sich zu schützen und dem Lynchrecht mit »kaltem Stahl und Feuer« entgegenzutreten, mit »eisernem Willen und unnachgiebiger Entschlossenheit«.[99] Die Titelseiten der weißen Presse gellten: »Rote wollen Neger zum Aufstand anstacheln«. Die Mainstreammedien machten die Bolschewiki für das Chaos in den Vereinigten Staaten verantwortlich und redeten ihren Lesern ein, die schwarze Presse werde von Russland mit dem Ziel finanziert, in den Vereinigten Staaten ein bolschewistisches Regime zu errichten.[100] Da die weiße Presse die schwarze Befreiungsbewegung mit dem Bolschewismus in Verbindung brachte, galten Schwarze, die sich zur Wehr setzten, als Verräter – das US-Justizministerium behandelte Schwarze nun »als potenzielle Staatsfeinde«.[101] Weiße Südstaatler drehten das Drohszenario um: Nicht die Schwarzen hielten der Kommunistenherrschaft den Steigbügel, sondern der Kommunismus werde zur »Negerherrschaft« führen.[102]

Vor diesem Hintergrund also erklärte Briggs die Sowjets keck zu Verbündeten im schwarzen Befreiungskampf und den Antibolschewismus zum Werkzeug für Rassismus und Angriffe auf den schwarzen Radikalismus. Er begnügte sich nicht damit, die schwarze Presse zu zitieren und die rassistische Dimension der Gewalt gegen Afroamerikaner zu unterstreichen. Vielmehr stellte er die Gewalt in einen Zusammenhang mit der unterdrückerischen und ausbeuterischen Natur des kapitalistischen Systems. Ende des Jahres verknüpfte Briggs den Antikommunismus direkt mit dem weißen Suprematismus:

> Dass schwarze Redakteure und Karikaturisten auf die Lügen über Sowjetrussland hereinfallen, die die weiße kapitalistische Presse streut, ist umso überraschender, wenn man bedenkt, dass dieselben schwarzen Karikaturisten und Redakteure einer Rasse angehören, über die eben diese weiße kapitalistische Presse noch gemeinere Lügen verbreitet.[103]

Der Antikommunismus – die Ideologie des kapitalistischen, weißen Feindes der schwarzen Arbeiter – stand im Widerspruch zu den schwarzen Interessen.

Während er *The Crusader* herausgab, organisierte Briggs auch die African Blood Brotherhood (ABB, »Afrikanische Blutsbruderschaft«). Hier wie dort gelang ihm eine originelle Synthese aus afrikanischer Identität und leninistischem Internationalismus.[104] Sie beruhte zum Teil auf Briggs' Bild eines ursprünglich afrikanischen Kommunismus, der vom Sklavenhandel und Kolonialismus zerstört worden sei. Demnach ist der Kommunismus eigentlich afrikanisch – nicht europäisch. Briggs' Synthese wurzelte zwar in der Vergangenheit, war aber der Zukunft zugewandt: Der einzige Weg zur Befreiung der Schwarzen führe über einen unabhängigen sozialistischen Schwarzenstaat innerhalb eines universalistischen sozialistischen Staatenverbunds. Die Befreiung der Schwarzen bedürfe des Sozialismus – die Interessen aller Menschen afrikanischen Ursprungs führten zum Sozialismus. Innerhalb eines kapitalistischen Systems sei afrikanische Freiheit unmöglich. Nur ein antiimperialistisches Bündnis mit der Arbeiterklasse, in dem schwarze Arbeiter die fortschrittlichen weißen Arbeiter anleiten, könne den Traum einer nationalen schwarzen Unabhängigkeit verwirklichen. Nach

Darstellung der ABB zielte der schwarze Freiheitskampf auf die sozialistische Umgestaltung (statt auf »Integration in die bürgerliche Ordnung«), so dass die schwarzen Arbeiter nicht Gefolgsleute einer schwarzen Elite seien, sondern die Anführer einer gemischtrassigen Arbeiterklasse.[105] Anders als seine Kritiker, die Gewerkschaften, Arbeiterkult, Sozialdemokratie und Kommunismus in einen Topf warfen und den Genossen daher als weiß auffassten, bot Briggs ein komplexeres Bild: Der Genosse sei ein Kämpfer für die Befreiung der Schwarzen – er sei dem »schwarzen Bewusstsein« und seiner »kompromisslosen Rassenpolitik« verpflichtet und finde in Lenin und dem sowjetischen Experiment neue Ressourcen für den schwarzen Befreiungskampf.

Für schwarze Aktivisten in marxistisch-leninistischen Organisationen war »Genosse« eine Anredeformel, die bisweilen die Verwandtschaftsmetaphorik (»Brüder und Schwestern«) des schwarzen Nationalismus und der Kirche ergänzte oder auch ersetzte. In *Incognegro* beschreibt Frank Wilderson die verheerenden Folgen des Mords an Chris Hani, dem Stabschef des Umkhonto we Sizwe (MK) und Generalsekretär der Südafrikanischen Kommunistischen Partei, für dessen MK-Zelle und insbesondere für Jabu Mosando, der sich nicht recht abgefunden hatte mit dem Übergang von Steve Bikos Bewegung des Schwarzen Bewusstseins zur »jämmerlichen Rasselosigkeit« der Freiheitscharta.[106] Kurz nach Hanis Ermordung gab es ein Treffen mit zwei schwarzen Genossen, Jabu und Stimela, und einem weißen, Trevor. Wilderson schreibt:

> Stimela schloss die Beratung und fragte Jabu, ob er sich klar ausgedrückt habe. Völlig, sagte Jabu. Stimela ging zur Tür und sah in den Flur. Er nickte Jabu zu:
> »Viel Glück, Genosse.«
> »Bruder«, korrigierte ihn Jabu.
> »Jabu, ich weiß, wie du dich fühlst.«
> »Tust du das?«
> »Mir geht's genauso.«
> »Ach ja, wie denn?«
> »Geh jetzt, Jabu, schnell.«[107]

Der Schmerz, der in dieser Episode zum Ausdruck kommt, erinnert an die Unterstellung, Schwarze und Weiße könnten keine Genossen sein: Die Genossenschaftlichkeit sei eine List, ein Trick, ein schmutziges Spiel, das schwarze Interessen weißen Interessen unterordne.[108] Wilderson präsentiert ein Beispiel, das diese Auffassung Lügen straft. Er beschreibt einen Besuch in der Sowjetunion in den 1970er-Jahren, bei dem ein Russe, mit dem er spazieren ging, nach seiner Hand griff:

> Ich wollte schon sagen, ich bin ein Abwehrspieler, kein Homosexueller; dann blickte ich dem Mann in die Augen und erkannte, dass das keine Anmache war. Es war einfach eine grundehrliche Geste der Kameradschaft. Und ich hätte weinen können. Denn in diesem Augenblick, da dieser Mann, der seine wenigen englischen Worte gern mit meinen wenigen russischen Worten tauschte, und ich die Stufen zum Kino hinaufstiegen, dachte ich an die jämmerlichen Kinder der Kenwood Grammar School, die vor elf Jahren lieber die Schule bis zum Sankt-Nimmerleinstag schwänzten, als in einer Reihe zu gehen, in der einer von ihnen meine Hand hätte halten müssen. Wenn der Kommunismus meine Hände reinwäscht, so dachte ich mir, dann bin ich Kommunist.[109]

Für einen Augenblick bot diese Verbundenheit einen Ausweg aus dem Rassismus. Die Genossen waren kurzzeitig befreit von der verderblichen Welt des Hasses und der Vorurteile.

Wildersons Geschichte erinnert an eine andere, die der schwarze kommunistische Gewerkschafter Ernest Rice McKinney erzählte, um den Einfluss der Kommunistischen Partei auf Afroamerikaner während der Weltwirtschaftskrise zu veranschaulichen. McKinney beschreibt das Ende einer Versammlung der American Workers Party in Pittsburgh:

> Wir gingen die Straße runter, schwarz und weiß gemeinsam, und einige schwarze Männer gingen neben weißen Frauen. Wir befanden uns in einem echten Arbeiterbezirk, und wie

> wir an einer Gruppe weißer Jugendlicher vorbeilaufen, sagten die zu uns: »Hallo Genossen!« Ihr Ton war sarkastisch, aber nicht feindselig. Sie nahmen an, wir seien Kommunisten, denn die Kommunisten hatten durch ihre Praxis sozialer Gleichstellung sehr viel Eindruck gemacht.[110]

Die US-Kommunisten waren in ihrer Praxis sozialer Gleichstellung allerdings nicht immer erfolgreich. 1949 kritisierte mit Claudia Jones ein Parteikader die weißen Genossen und Genossinnen sowie die schwarzen Genossen, weil sie es nicht vermocht hatten, »auch schwarzen Frauen freundlich gegenüberzutreten und schwarze Frauen in die Führung der Organisation zu integrieren«.[111] Gerade von Kommunisten sollte man die folgende Einsicht erwarten können: »die Frage sozialer Beziehungen mit schwarzen Männern und Frauen ist vor allem eine Frage der gelebten sozialen Gleichstellung.«[112] Genosse zu sein bedeute, soziale Gleichstellung sowohl im Alltag als auch in der Parteiarbeit zu praktizieren. Die Erwartung der Genossen – die nicht immer erfüllt, aber auch von Menschen geteilt werde, die selbst nicht Genossen sind – lautete: radikaler Egalitarismus. Genosse sei, wer nicht nur mutig genug sei, eine solidarische Umgangsweise an den Tag zu legen, die zutiefst über Kreuz liege mit der herrschenden Kultur, sondern wer zudem aufrichtig von der Erkenntnis durchdrungen sei, dass persönliche Beziehungen zum Aufbau politischer Macht beitragen. Die Führungsverantwortung schwarzer Frauen sei im revolutionären Kampf als unabdingbar zu begreifen.

Allerdings genügen diese Geschichten noch nicht, die Bedenken einer Unterordnung schwarzer unter weiße Interessen in den sozialistischen und kommunistischen Bewegungen zu zerstreuen. Betrachten wir also die Diskussionen in kommunistischen Kreisen etwas eingehender; abermals stütze ich mich auf Erfahrungen der CPUSA in den 1920er- und 1930er-Jahren, mit Briggs als unerlässlichem Kompass. 1921 schloss sich Briggs der Workers Party of America an,[113] die später im Zusammenschluss mit einer anderen die Kommunistische Partei bilden sollte; er wirkte aber weiterhin auch in der ABB und gab währenddessen *The Crusader* heraus. Die Workers Party setzte sich zum Ziel, die Rassenvorurteile zu beseitigen und schwarze wie weiße Arbeiter in einer Front revolutionärer Kräfte zu vereinen.[114] Ihr Parteiprogramm übernahm Briggs' Erkenntnisse hinsichtlich der »Rolle der Sklaverei und des Lynchterrors für die nationale Kapitalakkumulation« und »den Gebrauch der Rassenvorurteile, um die Schwarzen äußerster Ausbeutung zu unterwerfen und die Arbeiterklasse zu spalten«.[115] Gleichzeitig behandelte Briggs im *Crusader* die Frage der »Freundschaft der Weißen«. Die Schwarzen seien in der Vergangenheit, so schrieb er, »schmerzlich enttäuscht« worden durch Freundschaftsbekundungen der Weißen, die sich letztlich als Instrument zur »persönlichen Bereicherung oder zur Zügelung des ›Radikalismus‹ der Schwarzen« entpuppt hätten.[116] Für ihre Skepsis hätten schwarze Arbeiter also gute Gründe. Dennoch, argumentiert Briggs, müssten sich die schwarzen Arbeiter klarmachen, dass die weißen Arbeiter zur Erlangung ihrer Ziele die schwarze Unterstützung faktisch benötigten. Für die Schwarzen könne diese Abhängigkeit ein politischer Hebel sein: »Es gibt Zerwürfnisse in der weißen Rasse, die wir vertiefen und letztlich zu unserem Vorteil nutzen können.«[117] Die schwarzen Arbeiter sollten sich trotz des faktischen weißen Opportunismus – und der Angst davor – nicht von einer Analyse abbringen lassen, die der Sache der Schwarzen dienen könne.

Mehr noch, Briggs war der Auffassung, schwarze und weiße Arbeiter könnten Genossen sein:

> Weiße Männer haben bereits zusammen mit Schwarzen für ihre gemeinsamen Interessen gekämpft und es standhaft abgelehnt, eine Spaltung ihrer Reihen zuzulassen und ihre schwarzen Genossen zu verraten, obwohl die weißen Unternehmer angeboten hatten, den Forderungen der weißen Arbeiter nachzugeben, wenn diese ihre schwarzen Genossen verraten würden.[118]

Briggs schlägt deshalb eine »Nagelprobe« vor, bei der die Frage lautet: Ist ein Weißer »bereit zuzusehen, wie ein Schwarzer sich mit Waffengewalt gegen einen Angriff verteidigt, und auch bereit zuzusehen, wie Schwarze seine eigenen [weißen] Leute töten, um die Rechte der Schwarzen zu verteidigen?«[119]

Anfang der 1930er-Jahre nahmen die US-Kommunisten diese Probe sehr ernst. Mark Solomon überliefert beispielsweise die Anweisungen eines Parteikaders aus dem Jahr 1932. Der Kader, zu Gast bei einer Parteizelle,

> erklärte der Gruppe, Schwarze seien von Weißen immer wieder betrogen worden, wenn die ihre Hilfe brauchten: »jeder Kommunist muss bereit sein, für die Verteidigung der Rechte irgendeines Negers sein Leben zu geben, dabei muss es nicht um etwas Großes oder sehr Bedeutendes gehen – jede Beleidigung, und davon gibt es viele, die eine weiße Person gegen einen Neger richtet, ist für einen Kommunisten Grund genug zu reagieren, ihm oder ihr ins Gesicht zu schlagen, fest zuzuschlagen, und wenn man dabei umkommt, ist das auch in Ordnung, denn [...] ohne die Neger können wir die Revolution in den Vereinigten Staaten vergessen.«[120]

Die Kommunistische Partei machte sich die Auffassung zu eigen, dass Genossenschaftlichkeit zwischen Schwarz und Weiß von der Bereitschaft der Weißen abhänge, für ihre schwarzen Genossen zu sterben. Um zur Klasseneinheit zu gelangen, müssten die weißen Kommunisten den Schwarzen beweisen, dass sie ihr Engagement für die Befreiung der Schwarzen auch mit dem eigenen Leben bezahlen würden. Ein geringerer Preis stelle sie hingegen auf die Seite des Rassismus, der Lynchmorde und der »Jim Crow«-Gesetze, die anständig bezahlte Jobs zum Privileg machten.[121] Im Grunde müssten weiße Kommunisten ihren Anspruch auf das Weißsein aufgeben und ihre eigene Unwissenheit und Privilegierung abschaffen, wenn sie die Bedingungen der Möglichkeit einer Vereinigung der Arbeiterklasse schaffen wollten. Der Fortschritt der weißen Arbeiterklasse dürfe nicht zulasten der schwarzen Existenz gehen. Ein Versagen im Engagement für die Befreiung der Schwarzen wäre eine Niederlage für alle Arbeiter.

Verschiedene Historiker des afroamerikanischen Radikalismus brachten die Verlogenheit der Behauptungen ans Licht, wonach die Kommunistische Partei sich aus bloßem Eigennutz in die schwarzen Befreiungskämpfe eingebracht habe. Robin D. G. Kelley, Mark Naison, Mark Solomon und andere zeichnen ein Bild der Afroamerikaner und des Kommunismus, das die Szenerie aus »Manipulation, Enttäuschung und Verrat« widerlegt, wie sie in den Schriften von Richard Wright, Ralph Ellison und Harold Cruse entworfen wird.[122] Eine Zeitlang war die Kommunistische Partei in den Vereinigten Staaten vielmehr die führende sogenannte rassenübergreifende Organisation im Kampf gegen den weißen Suprematismus.

Jede Kritik an der Unterordnung und dem Verrat schwarzer Interessen durch die Weißen wäre unvollständig, würde ein zweiter Punkt nicht thematisiert: dass die schwarze Bourgeoisie – die wohlhabende schwarze Elite – ihr spezifisches Klasseninteresse vertritt, wenn sie eine befriedete, hilfsbereite schwarze Unterschicht dem weißen Recht ausliefert. Bei diesem Problem der Vereinnahmung des schwarzen Arbeiterradikalismus geht es freilich nicht um Genossenschaftlichkeit. Es basiert auf gesellschaftlichem Ansehen, auf dem Aufstieg einer rassistisch markierten Gruppe mittels Integration in die weiße Gesellschaft, der Akzeptanz von Mittelschichtswerten sowie auf dem Wirken im Innern des Systems. Lovett Fort-Whiteman, eines der ersten afroamerikanischen KP-Mitglieder, liefert eine überzeugende Einschätzung der politischen Lage, mit der sich Schwarze Mitte der 1920er-Jahre konfrontiert sahen: Gegen schwarze Verfechter eines radikalen politischen Kurses wandten sich die schwarzen Honoratioren, weil die meisten dieser Honoratioren abhängig seien »von der Großzügigkeit der weißen Kapitalistenklasse«, von der weißen Philanthropie und den Spenden für ihre Schulen und Einrichtungen. Diese »Rassenverräter wagen es, gewerkschaftliche Bestrebungen unter Schwarzen nicht zu unterstützen, sie wagen es, ausschließlich für kapitalistische Kandidaten in der Politik einzutreten«.[123]

Die These vom Schwarzen Gürtel

Das praktische Organisationsleben der CPUSA war von Ende der 1920er- bis Mitte der 1930er-Jahre angespannt und konfliktbehaftet. In Reaktion auf die Kritik seitens afroamerikanischer Kommunisten, dass ihre weißen Genossen bei der organisatorischen Arbeit in der schwarzen Community nur unzureichendes Engagement an den Tag legten, drängte die Komintern die Partei dazu, mit dem weißen Chauvinismus in ihren Reihen Schluss zu machen und die »Negerfrage« ins Zentrum ihrer Organisationsbemühungen zu rücken.[124] Damals waren solche übergreifenden Organisationsbemühungen in den »Jim Crow«-geprägten Südstaaten sehr gefährlich. In dieser Situation – Klassenkampf unter den Bedingungen weißer Gewaltherrschaft – zeigt sich die Macht und Verheißung des Genossen als Chiffre für ein politisches Verhältnis, das von den Beschränkungen des Besonderen frei ist. Die unerhörte These vom Schwarzen Gürtel veranschaulicht das.

Nach mehrjähriger Debatte kamen die Komintern und mithin die Kommunistische Partei zu der Auffassung, dass die Farbigen im Schwarzen Gürtel der Vereinigten Staaten – ein breiter Streifen mehrheitlich schwarzer Landkreise im Süden, den man wegen seines nahrhaften dunklen Bodens als »Black Belt« bezeichnet – eine unterdrückte Nation mit dem Recht auf Selbstbestimmung seien. Als unerhört bezeichne ich diese These, weil sie oftmals als wirklichkeitsfremd, dogmatisch, absurd, unmöglich und so weiter verunglimpft wird – obwohl sie den Nationalismus von Marcus Garveys Universal Negro Improvement Association (UNIA, »Weltbund zur Besserstellung der Schwarzen«) widerspiegelt und mehr als dreißig Jahre später von afroamerikanischen Revolutionären wieder aufgegriffen wurde.[125] Unerhört erscheint die These vom Schwarzen Gürtel auch im Lichte der Vorwürfe eines Arbeiterkults, wonach Kommunisten den Klassenkampf über alle anderen Kämpfe stellen würden. So wandte sich C. L. R. James 1939 gegen diese Linie und argumentierte:

> In unseren Augen verlangt der Vorschlag, der Schwarze solle seinen eigenen schwarzen Staat erhalten, von den weißen

> Arbeitern zu viel, insbesondere wenn der Schwarze selbst eine solche Forderung nicht aufstellt. Die Parolen zur »Tilgung der Schulden«, zur »Beschlagnahmung des Großgrundbesitzes« usw. sind völlig ausreichend, um beide zum gemeinsamen Kampf zu bewegen und auf der Grundlage des ökonomischen Kampfes eine vereinte Front für die Abschaffung der sozialen Benachteiligung zu bilden.[126]

James war nicht in der Kommunistischen Partei.[127] Seine Einschätzung war für ein Treffen mit Trotzki gedacht. Doch selbst in der Partei wurde der Standpunkt, die Schwarzen seien eine unterdrückte Nation, anfangs nicht von allen geteilt; schließlich – so die Gegner – gehe es um Rassismus und nicht um eine nationale Frage.

In seinen Erinnerungen, *Ein schwarzer Bolschewik*, umreißt mit Harry Haywood die treibende Kraft hinter der These vom Schwarzen Gürtel, worum es in der Debatte ging. Zunächst stellt er die Frage, wie man über Afroamerikaner denken solle: Sind sie eine unterdrückte ethnische Minderheit oder eine unterdrückte nationale Minderheit? Letzteres stütze sich auf einen von Stalin entwickelten Nationenbegriff.[128] In Haywoods Worten definiert Stalin die Nation als

> eine historisch entstandene, stabile Gemeinschaft von Menschen auf der Grundlage von vier Hauptmerkmalen: ein gemeinsames Territorium, ein gemeinsames Wirtschaftsleben, eine gemeinsame Sprache und eine gemeinsame psychische Wesensart (Nationalcharakter), die in der gemeinsamen Eigenart der Kultur ihren Ausdruck findet. Mit der Entwicklung des Imperialismus ist die Befreiung unterdrückter Nationen längst ein Problem, dessen endgültige Lösung nur möglich ist durch die proletarische Revolution.[129]

Schon 1920 habe Lenin der Komintern eine Resolution vorgelegt, der zufolge die Schwarzen in den Vereinigten Staaten eine unterdrückte Nation bilden.[130] In imperialistischen Verhältnissen sei der Kampf unterdrückter Völker objektiv revolutionär. Es gebe keinen

Widerspruch zwischen nationalen und proletarischen Kämpfen. Die Befreiung unterdrückter Völker, der Sturz des Imperialismus und die Erlangung des Sozialismus seien voneinander abhängig, das eine bedinge das andere.

Nach zahlreichen Unterhaltungen mit seinen Freunden und Genossen an der Internationalen Lenin-Schule in Moskau entwickelte Haywood eine historisch fundierte Analyse, wonach die Schwarzen in den Vereinigten Staaten eine unterdrückte Nation mit dem Recht auf Selbstbestimmung sind. Zusammengefasst argumentiert er, die afroamerikanische Geschichte beginne in der Sklaverei und setze sich durch den Bürgerkrieg hindurch bis zum gebrochenen Versprechen der Reconstruction fort. Damals entfesselte sich ein »konterrevolutionärer Terror mit der Massakrierung von tausenden Schwarzen«.[131] Den Schwarzen wurde das Land verwehrt, auf das sie ein Anrecht gehabt hätten, wären die Plantagen beschlagnahmt und aufgeteilt worden; stattdessen waren sie abermals zurückgeworfen auf Lebensumstände wie vor Abschaffung der Sklaverei. Der Imperialismus – das Stadium des Kapitalismus, das durch Monopole, Trusts und eine Finanzoligarchie gekennzeichnet ist – »zementierte« die Schwarzen in ihrer »landlosen, sklavenähnlichen« Lage und »versperrte den Weg einer Verschmelzung der Schwarzen und Weißen zu einer Nation auf der Grundlage der Gleichheit und somit zur endgültigen Überwindung der spezifischen Unterdrückung der Schwarzen.«[132] Imperialismus und Rassismus brachten im Süden also jene Verhältnisse hervor, in denen alle Schwarzen in den Vereinigten Staaten eine unterworfene Nation bildeten: »Sie sind ein Volk, das sich durch einen gemeinsamen ethnischen Ursprung auszeichnet und ökonomisch in verschiedene Klassen gliedert, das eine gemeinsame historische Erfahrung eint, wie sie sich in einer besonderen Kultur und psychischen Wesensart spiegelt.«[133] Ihr nationales Territorium sei der Black Belt, in dem sie die Mehrheit stellten.

Diejenigen Genossen, die Afroamerikaner als unterdrückte ethnische Minderheit ansahen, begriffen jeglichen Ausdruck eines schwarzen Nationalismus als reaktionär, als Ablenkung von der Hauptaufgabe: der Organisierung der Schwarzen als Arbeiter. Sie verstanden den »›rein proletarischen‹ Klassenkampf als einzig revolutionären Kampf gegen das kapitalistische System«.[134] Wie Haywood berichtet, gehörten schwarze Genossen in der CPUSA zu den heftigsten Kritikern des Gedankens, dass Schwarze eine unterdrückte nationale Minderheit bildeten. So lehnte James Ford die Auffassung ab, Schwarze würden als Nation unterdrückt, und argumentierte, es gebe keine systematische ökonomische Trennung zwischen Weißen und Schwarzen, nur Unterschiede in der Hautfarbe. Haywoods Bruder Otto Hall sagte, die Klasseninteressen spalteten die Schwarzen derart, dass man sie nicht als nationale Einheit betrachten könne, und im Übrigen strebten sie hauptsächlich ihre Integration an.

Der zweite Streitpunkt im Zusammenhang mit der Schwarzgürtel-These betraf die politische Taktik und ergab sich unmittelbar aus der Debatte über »Nation und Rasse«. Haywood erklärte, die Konzentration auf rassistische Vorurteile verkenne nicht nur das (bereits von Lenin formulierte) revolutionäre Wesen der nationalen Befreiungskämpfe für Selbstbestimmung, sondern biete auch keinen Standpunkt, von dem aus man den weißen Chauvinismus in der Partei und in den Reihen der weißen Arbeiterklasse bekämpfen könne. Besondere Sorgen bereitete Haywood, dass seine schwarzen Genossen in den Vereinigten Staaten den Rassismus »von seinen sozioökonomischen Wurzeln« loslösten und damit »den Kampf für Gleichstellung auf eine Bewegung gegen Vorurteile beschränken« würden.[135] Das Nationale zugunsten des Ethnischen zurückzustellen, so gab er zu bedenken, hieße, »das revolutionäre Wesen des Gleichheitskampfes der Schwarzen herab[zu]setzen«.[136] Ein solcher Ansatz erfordere keinen radikalen Wandel (wie es eine Landreform und eine Demokratisierung im Süden wären), sondern münde in einer bürgerlich-integrativen Kampagne gegen Vorurteile und dem Bestreben, schwarze und weiße Arbeiter zusammenzubringen. Dagegen bedeute die Linie der Selbstbestimmung,

> dass der Freiheitskampf der Schwarzen eine eigenständige revolutionäre Bewegung ist: gerichtet gegen die Fundamente des US-Imperialismus, mit einer ihr eigenen Dynamik in Entwicklung und Stärke, die sich aus den unvollendeten

> demokratischen und landwirtschaftlichen Umwälzungen im Süden ergibt. Sie stellt die Befreiungsbewegung der Schwarzen und den Klassenkampf der US-Arbeiter ins richtige Verhältnis als zwei Facetten des Kampfes gegen den gemeinsamen Feind – den US-Kapitalismus. Sie erhebt die Bewegung der Schwarzen in dieser Schlacht in den Rang der Gleichheit.[137]

Mit dieser Linie würde die Kommunistische Partei den Kampf der Schwarzen nicht mehr fälschlicherweise dem Klassenkampf unterordnen. Stattdessen müsste die Partei die weißen Arbeiter über die revolutionäre Rolle des schwarzen Befreiungskampfes aufklären. In diesem Sinne stand im *Daily Worker* zu lesen: »Es ist die Pflicht der Kommunistischen Partei der USA, die breite Masse der weißen Arbeiter für die aktive Teilnahme an diesem Kampf zu mobilisieren und zu versammeln.«[138] Die weißen Genossen müssten den schwarzen Kampf zu ihrem Kampf machen – alles andere wäre Verrat an der Revolution.

Denen, die schwarze Selbstbestimmung im Black Belt als separatistische Parole bezeichneten, entgegnete Haywood, sie diene vielmehr den Einheitsbestrebungen. Das Klassenbewusstsein der weißen Arbeiter könne nur »Rassenbewusstsein« (weißer Chauvinismus) sein, solange die Arbeiter sich nicht gänzlich der Abschaffung von Rassenhass, »Jim Crow«, Lynchmorden, Vorurteilen und »auch der Gleichgültigkeit« gegenüber dem Kampf der Schwarzen verschrieben hätten.[139] In der Partei müssten die Rassenvorurteile ausgesiebt und liquidiert, »äußerst energisch bekämpft« werden.[140] Wie Mark Solomon feststellt, verpflichtete sich die Partei mit der Selbstbestimmungslinie zum Kampf für das Recht der Schwarzen auf die »Freiheit, das politische und soziale Leben in ihren Gemeinschaften [selbst] zu kontrollieren«; gleichzeitig veränderte die Linie »das Konzept der schwarz-weißen Zusammenarbeit auf der Grundlage einer neuen Machtbalance unter Gleichen«.[141]

Die Schwarzgürtel-These machte den schwarzen Genossen zum Ideal-Ich und lieferte den Blickwinkel, den alle Genossen sich und ihrem Handeln gegenüber einnehmen müssten. Wie Solomon schreibt: »Für den aufrichtigen Kommunisten gab es keinen anderen Weg als die qualvolle Selbstkritik.«[142] Die weißen Genossen mussten sich aus einer neuen Perspektive betrachten – nicht nur als Gleiche auf derselben Seite im Klassenkampf, sondern als Gleiche auf derselben Seite eines nationalen Befreiungskampfes, die als Gleiche gegen die Unterdrückung einer Nation kämpfen. Könnte ein schwarzer Genosse ihr Verhalten gutheißen? Ihnen vertrauen? Der *Daily Worker* schrieb: »Jedes Parteimitglied muss im Kopf behalten«, wie verbittert und misstrauisch die unterdrückten, kolonisierten und erschöpften Massen gegenüber dem Proletariat der machtvollen Nationen seien.[143] Die Partei unternahm gezielte Anstrengungen gegen den weißen Chauvinismus – dazu zählten eine Kampagne zur Selbstkritik, die Förderung schwarzer Führungskräfte sowie Schauprozesse und Ausschlüsse. Sie verstärkte ihre Organisierungs- und Werbebemühungen bei Afroamerikanern. Sie stürzte sich, so Solomon, in »einen frenetischen Kampf für die Gleichstellung und Befreiung der Schwarzen«.[144] Einige Kader in den Südstaaten »kritisierten die Säuberungen rassistisch vorurteilsbelasteter Weißer«.[145] Die Partei jedoch vertrat die Auffassung, dass jedwedes Zugeständnis an die Segregation »den Rassismus legitimieren und das Vertrauen der Schwarzen in die weißen Radikalen abtöten würde« – man müsse also gegebenenfalls auch die politische Isolierung im Süden in Kauf nehmen.[146]

Der Genosse ist eine generische Chiffre für das politische Verhältnis zwischen Menschen auf derselben Seite, das sich auszeichnet durch Gleichheit, Gleichstellung und Solidarität. Was aber heißt das im Angesicht eines auf Rassismus beruhenden Kapitalismus, der im Suprematismus wurzelt? Nichts anderes als die aktive Auseinandersetzung und entschiedene Ablehnung dieser Verhältnisse im Zuge einer von Gleichheit und Solidarität geprägten Neuordnung. In der Festlegung der Kommunistischen Partei auf die Selbstbestimmung der Schwarzen im Black Belt ist dies beispielhaft veranschaulicht: In unerhörter, utopischer Weise bestand man darauf, dass ein großer Teil des US-Südens den Afroamerikanern gehöre, weil sie ihn aufgebaut hatten, weil ihre Arbeit ihn erschaffen hatte und weil ihre historische Erfahrung der Gefangenschaft – auf dem Schiff, unter dem Peitschenriemen, bei der Wiederversklavung, dem Lynchen und unter »Jim Crow« – eine nationale Mentalität hervorgebracht hatte, die ihren Ausdruck im kollektiven Freiheitsdurst fand. Die Schwarzgürtel-Parole ließ es nicht zu, diese Geschichte und Sehnsucht dem Klassenkampf unterzuordnen oder sie auf die Überwindung der Diskriminierung zu beschränken: Man musste dem gesamten »Jim Crow«-Kapitalismus ein Ende bereiten.

Jeder kann, aber nicht alle können Genosse sein – eine These, die ich im dritten Kapitel vertrete –, heißt, dass nicht die »Rasse« bestimmt, wer ein Genosse ist. Genossenschaftlichkeit erfordert die Liquidierung des Rassismus. Eine Zeitlang legte die Partei dabei eine fieberhafte Aktivität an den Tag, die bisweilen »zu abstrusen Anschuldigungen führte« und mitunter auch für parteiinterne Intrigen instrumentalisiert wurde. Die zahlreichen, endlosen Anschuldigungen, Prozesse und Ausschlüsse verstärkten allerdings den Eindruck, der Rassismus in der Partei lasse sich nie und nimmer ausrotten.[147] Die Genossen verbanden mit dem schwarzen Befreiungskampf einen brennenden Durst nach Gerechtigkeit und einen Enthusiasmus, an dem sich ein kritischer Impuls entzündete, der sich mit einer solchen Heftigkeit gegen sich selbst wandte, dass Genossenschaftlichkeit sich augenscheinlich als unmögliches Ideal erwies. So mancher wirft der Partei noch heute ihr Unvermögen vor, den Rassismus in Gestalt des weißen Chauvinismus in ihren Reihen auszurotten. Diese Vorhaltung bleibt aber immer hinter der heftigen Kritik zurück, die (wie ich im vierten Kapitel näher erläutere) die Partei gegen sich selbst gerichtet hat.

Die Negativität von »Genosse«

Die Kritik, ein Genosse sei immer männlich und weiß, gründet auf der Hypothese eines bestimmten positiven Gehalts. Anstatt »Genosse« als Chiffre für ein Verhältnis zu begreifen, das jeden, aber nicht alle umfassen kann, gilt der Genosse hier als Sinnbild einer Person, eines nicht-vergeschlechtlichten und nicht-rassifizierten Individuums (als stünde der weiße Mann außerhalb von Rasse und Geschlecht). Ich entgegnete dieser Vorhaltung mit einigen Beispielen, in denen der Genosse in der kommunistischen Tradition – und insbesondere in der CPUSA – nicht bestimmt war durch Identitätszuschreibungen. »Genosse« benennt ein Verhältnis, das biologisches Geschlecht wie »Rasse« ignoriert und mit der Erwartungshaltung verbunden ist, dass Sexismus und Rassismus bekämpft und abgeschafft werden. Da es von den Identitäten abstrahiert, die der patriarchal-rassistische Kapitalismus hervorgebracht hat, postuliert »Genosse« ein politisches Verhältnis zwischen Menschen, die sich zum Sturz dieses Systems auf eine Zusammenarbeit festgelegt haben. Die Befreiung vom Gegebenen ermöglicht eine neue Art der Beziehung unter Gleichen auf derselben Seite einer Barrikade.

Bei einigen zeitgenössischen Aktivisten, die in der Identitätspolitik sehr versiert sind – oftmals als Ergebnis eigener Erfahrungen mit Sexismus und Rassismus im Internet und in den Bewegungen –, mag ein Restzweifel dahingehend fortbestehen, dass »Genosse« nicht formal genug oder nicht leer genug sei, der sich auch von einer noch so umfangreichen Schilderung der faktischen Integration positiver Differenz nicht ausräumen lässt. Die negative Dimension von »Genosse« zu betrachten schafft diesen Bedenken womöglich Abhilfe. Als Genosse entscheidet man sich für eine Seite, anstatt die Existenz unterschiedlicher Seiten abzustreiten und zu verleugnen. Die Zugehörigkeit zur selben Seite verleiht der Genossenschaftlichkeit generische Qualität: Genossen verhalten sich gegenüber individueller Differenz gleichgültig, aufgrund ihrer Zusammen- und Zugehörigkeit sind sie gleichberechtigt und solidarisch. Genossenschaftlichkeit erfordert mithin die Loslösung vom Hirngespinst der Selbstgenügsamkeit, der Rangordnung und der individuellen Einmaligkeit. Für solche Befangenheiten bietet der Genosse keinen Raum.

Der Roman *Unterwegs nach Tschevengur*, den der sowjetische Autor Andrej Platonow 1928 fertigstellte, veranschaulicht die Negativität des Genossen.[148] Die Genossen bei Platonow sind bei weitem nicht die disziplinierten und couragierten Genossen, die wir mit den Kommunisten assoziieren, sondern mittellose Massen, die nur sich haben. Er beschreibt diese Massen als Neuankömmlinge in Tschevengur, jenem Dorf in der Steppe, das den Kommunismus erreicht hatte, wobei

> den zugezogenen Tschevengurern überhaupt keine Freude bevorstand, sie mit keiner Freude rechneten und sich mit dem begnügten, was Lebensinhalt sämtlicher besitzloser Menschen ist – mit dem Leben in der Gemeinschaft von ihresgleichen, mit Genossen und Freunden der abgewanderten Wege.[149]

Genossen sind hier der Nullpunkt der Möglichkeit – das, was übrig ist, wenn alles andere verschwunden ist, ruinenhafte Überbleibsel am negativen Ort des Anfangs. Anstatt ihn als Verhältnis unter Bolschewiken zu betrachten, behandelt Platonow den Begriff »Genosse« in seinem Roman wie den Begriff »Kommunismus«: als Vokabeln, die in einem unausgereiften nach-revolutionären Wortschatz des Bruchs, der Sehnsucht, der Möglichkeit und des Verlusts existieren. Die neue Welt gibt es nicht, aber es gibt neue Worte – Worte, die in der Gegenwart nicht viel Sinn ergeben, insbesondere nicht für die Menschen, die in den letzten Jahren des russischen Bürgerkriegs in der Steppe leben. Isabelle Garo schreibt: »In *Unterwegs nach Tschevengur* ist Kommunismus der Name für eine Welt, die es nicht gibt, die sich vielleicht errichten lässt und die doch schon in Ruinen liegt. Er ist auch eine mehr subjektive als objektive Realität, oder vielmehr ein Prinzip der Subjektivierung«.[150] »Genosse« ist das Verhältnis, das für die Errichtung der neuen Welt notwendig ist: anwesend in der Abwesenheit und als Abwesenheit von Eigentum, Nationalität und erkennbarer Identität.

Platonow beschreibt die Genossenschaftlichkeit der »diversen«, »sonstigen« oder »übrigen« Menschen – des fahrenden, besitzlosen, klassenlosen, nach-revolutionären, schmutzigen Volkes. Um der Wärme willen in einem Haufen am Rande der Stadt zusammengedrängt, sind diese halbnackten, hungernden, verwaisten Massen die Ärmsten der Armen. Ihre Einheit ist eine körperliche, die Ansammlung vielfältiger internationaler Körper. Das russische Wort für »übrige« oder »sonstige« lautet прочие (pročij). Wie Maria Chehonadskih erläutert, wurde das Adjektiv in frühsowjetischen Dokumenten benutzt, wenn sich die Klassenidentität einer Person nicht feststellen ließ.[151] »Pročij« sind Überreste, Fehler und Überbleibsel, gar noch ihrer Klassenidentität beraubt. Das klassenlose »pročij« verkörpert den melancholischen Moment der Revolution.[152] Die Klassen sind verschwunden. Die Ausbeutung ist vorbei. Aber die neue Gesellschaft muss erst noch aufgebaut werden. Die Anwesenheit der überzähligen Anderen stört die identitäre Logik: Sie sind nicht nur klassenlos, sie ermangeln selbst der Nationalität, »durch die übermäßige Arbeit und Mühe des Lebens waren ihre Gesichter ganz unrussisch geworden.«[153] Einer der Bolschewiki von Tschevengur erkennt in diesen Überzähligen einen Funken revolutionären Potenzials:

> »Das ist eine Klasse erster Güte, du brauchst ihnen nur voranzugehen und sie werden nicht mucksen. Das sind internationale Proletarier: du siehst doch, es sind keine Russen, keine Armenier, keine Tataren – niemand sind sie!«[154]

Ihr Kennzeichen ist der Verlust, die schiere Niemandsexistenz.[155] Die Sonstigen entbehren einer wahrnehmbaren russischen Identität – ihre Gesichter sind international, Gesichter von Nomaden und Mongolen.[156] Und sie entbehren der Militanz.[157] Sie sind nicht organisiert, aber ihr Zusammenhalt hält den Platz frei für etwas wie eine Zukunft. Ihre völlige Armut hat nicht atomisierte Individuen hervorgebracht, die sich in egoistischen Eigeninteressen verlieren, sondern eine Genossenschaftlichkeit als Nullpunkt der Relationalität, die zum Weitermachen notwendig ist. Wenn der Kommunismus möglich ist, dann weil die Abschaffung der Klassen und des Eigentums die Genossen vor einen Neuanfang stellt.

Die Genossenschaftlichkeit der überzähligen Sonstigen ist eine Folge, ein Effekt ihrer Armut. So, schreibt Platonow,

> hatten die »Sonstigen« sich zu selbständigen Menschen mit unbekannter Bestimmung gemacht, zudem erwarben sie durch solche Übung der Ausdauer und anderer inneren Möglichkeiten des Leibes einen Verstand voller Neugier und Zweifel, ein bewegliches Gefühl, das die ewige Seligkeit für

> einen der Ihren hinzugeben bereit war, weil dieser weder Vater noch Eigentum besaß, dafür aber die Fähigkeit, das eine wie das andere vergessen zu machen, und außerdem lebte in den »Sonstigen« eine Hoffnung, die bestimmt und sicher war, aber auch schmerzlich wie ein Verlust.
> Der Kern dieser Hoffnung war der Glaube, es müßte, wenn die Hauptsache gelungen wäre – heil und am Leben zu bleiben –, auch alles Übrige gelingen, selbst wenn die Welt dabei an den Rand des Verderbens geraten sollte[.][158]

Genossen machen die Stellung vergessen, die die Welt ihnen verliehen hat – Geburt, Familie, Name, Klasse. In Ermangelung dieser Beziehungen entwickeln Genossen einen Solidaritätsreflex, der auf persönliches Glück keine Rücksicht nimmt. Zum Abschluss seiner Überlegungen zu Platonow schreibt McKenzie Wark: »Die, mit denen wir die Aufgabe des Lebens teilen, das unmögliche Verhältnis zu einer widerstrebenden Welt auf eine bessere Grundlage zu stellen, sind die *Genossen*. Was wir teilen können, sind dieselben Mühen, und wir sind nur Genossen, wenn wir alle all diese Mühen miteinander teilen.«[159] Die gemeinsame Armut der leidenden Menschen führt Hoffnung mit sich.

Es gibt einen seltsamen Unterschied zwischen dem deutschen und dem russischen Wort für »comrade«. Das Wort im Deutschen – »Genosse« – ist mit »genießen« verwandt.[160] Es assoziiert Mitbenutzung und Nutzungsrecht, »den Nießbrauch am gemeinsamen Eigentum«.[161] Das russische Wort für »comrade« – товарищ (towarischtsch) – leitet sich ab von товар (towar); Bezugspunkt ist hier ein für den Verkauf bestimmtes Produkt, eine Ware oder Sache.[162] Der Unterschied zwischen diesen Wortwurzeln wird in *Unterwegs nach Tschevengur* deutlich: Platonow stellt Eigentum und Genossen gegeneinander. Der Erwerb von Eigentum führt zum Verlust der Genossen, denn die Menschen investieren dann ihre Energie in Dinge statt ineinander:

> solange zwischen den Menschen der Besitz steht, verschwenden sie ihre Kraft in der Sorge um diesen Besitz, sobald aber

> nichts mehr zwischen den Menschen ist, sind sie nicht mehr voneinander getrennt und schützen sich gegenseitig im Schlaf vor der Kälte.[163]

Genossenschaftlichkeit erwächst hier aus der Abwesenheit von Eigentum, nicht aus dessen gemeinsamer Verwendung oder Nutzung. Wie sagt doch eine der Romanfiguren: »›Und ich sage dir, daß wir nur im gemeinsamen Elend Genossen sind. Sobald es Brot gibt und Eigentum, ist der Mensch weg!‹«[164]

Der erwähnte Unterschied zwischen der deutschen und der russischen Wurzel für »comrade« war vielleicht etwas vorschnell erklärt. Platonows Bild der »Sonstigen« zeigt eine andere Art des Eigentums auf, den kollektiven Vollbesitz der Eigentumslosen:

> Vielleicht bedeuteten sie füreinander das einzige Hab und Gut ihres Lebens – deshalb achteten sie so aufmerksam einer auf den anderen und nicht auf Tschevengur und schützten die Kameraden fürsorglich vor Fliegen, wie die Bourgeoisie ihre Häuser und das Vieh schützte.[165]

Auch wenn sie nichts als einander haben, haben die Sonstigen eben damit etwas, das es zu schützen und zu hegen gilt. Die vertrauliche Körperlichkeit des Fliegenverscheuchens vermittelt uns eine Genossenschaftlichkeit der Mittellosen, in der »Dinge« (товары) einander »genießen«; die Genossen ergeben sich dem kollektiven Selbstgenuss, der kollektiven Nutzung des Kollektivs. Kommunismus gibt es nur, wo Genossen einander genießen und das Eigentum nicht den Platz des anderen einnehmen lassen.

In *Unterwegs nach Tschevengur* befürchtet der Bolschewik Tschepurnyj, Frauen könnten den Fortbestand des sowjetischen Tschevengur gefährden. Er fordert daher Genossinnen, also Frauen, denen die Männer als Genossen gegenübertreten und nicht mit der Begierde nach Sex und Vermehrung:

> Tschepurnyj [war] bereit, jede Frau in Tschevengur willkommen zu heißen, deren Gesicht schwermütig vor Armut und

> vor Arbeit gealtert war – eine solche Frau wäre bloß als Kamerad tauglich, bewirkte keine Spaltung innerhalb der unterdrückten Masse und weckte auch nicht die zersetzende Wißbegier einsamer Bolschewiken.[166]

Genossinnen sind, wie all die überzähligen Sonstigen auch, arm, erschöpft, traurig und bedürftig. Sie unterscheiden sich nicht von allen anderen – genau das macht sie zu Genossen.

Platonows melancholische Genossenschaftlichkeit gewährt uns Einblicke in die Umformung der mangelnden Identität, Nationalität, Klasse und Habe in ein politisches Verhältnis. Der Zusammenhalt der Übrigen ist kein fantastisches Füllhorn des Glücks und Wohlstands. Im Gegenteil, sie ist das Mindestmaß eines Verhältnisses, das für das Durchhalten und die Hoffnung notwendig ist. Genossenschaftlichkeit ist eine notwendige Bedingung für den Kommunismus: das Kollektiv der Menschen, die einander genießen und das Eigentum nicht den Platz der Anderen einnehmen lassen. Die Negation von Identität, Nationalität, Klasse und Eigentum bringt etwas Neues hervor – ein neues räumliches Verhältnis, das aus sich heraus Druck ausübt. Der Genosse ist die Nullstufe für den Kommunismus.

Žižek erklärt: »Diese Nullstufe ist niemals ›da‹, sie kann nur rückwirkend erfahren werden, und zwar als Voraussetzung einer neuen politischen Intervention, der Durchsetzung einer neuen Ordnung.«[167] In *Unterwegs nach Tschevengur* drückt sich das derart aus, dass die Sonstigen oftmals aus der Perspektive von Tschepurnyjs bolschewistischem Drängen dargestellt werden, dem der kommunistische Aufbau gar nicht schnell genug gehen kann. Die Erzählerstimme im Roman verweigert sich bewusst einer Verortung – weder bietet sie eine objektive Tatsachenbeschreibung noch den subjektiven Blick einer Figur.[168] So vermischen sich Beschreibungen der Sonstigen mit Schilderungen von Tschepurnyjs Gedanken oder Begierden und gehen dann in seine Überlegungen über, wie beispielsweise hier: »und jetzt fühlte Tschepurnyj, daß statt Steppe, Häuser, Nahrung und Kleidung, welche die Bourgeois sich erworben hatten, die Proletarier auf dem Hügel sich gegenseitig Besitz waren, denn jeder Mensch muß etwas zu eigen haben«.[169] In den Augen Tschepurnyjs erschienen die Menschen auf dem Hügel noch nicht als klassenlose Übrige; er sieht in ihnen Proletarier, jene Kraft, die die Zukunft einleiten werde. Auf dem Standpunkt dieser kommunistischen Zukunft – die in Tschevengur bereits errichtet wird – manifestiert sich die Armut der überzähligen Übrigen als Genossenschaftlichkeit. Aus Sicht des Kommunismus sind Trostlosigkeit und Verzweiflung nicht der Endpunkt, sondern eine Chance auf etwas, das wir bisher nicht fassen konnten – hier die Gegenwart der Sache, die ins Leben tritt, wenn alles andere verloren ist: Genossenschaftlichkeit. Der Genosse ist die Nullstufe des Kommunismus, denn er bezeichnet das Verhältnis zwischen den Menschen auf derselben Seite im Kampf für freie, gerechte und gleiche gesellschaftliche Verhältnisse, für Verhältnisse ohne Ausbeutung. Es ist ein politisches, ein polarisierendes Verhältnis. Und es ist ein vertrauliches; verflochten mit der Einsicht darin, wie unbedingt ein jeder auf den anderen angewiesen ist, damit alle durchhalten.

In seiner Gleichgültigkeit gegenüber den individuellen Besonderheiten der Genossen ist »Genosse« eine Figur politischer Zugehörigkeit, eine Form der Ansprache und ein Träger von Handlungserwartungen. Als Figur politischer Zugehörigkeit verweist es auf das Verhältnis zwischen Menschen auf derselben Seite einer Barrikade. Als Form der Ansprache bezieht es sich auf Menschen, die an emanzipatorisch-egalitären Kämpfen für Sozialismus und Kommunismus teilnehmen. Als Träger von Handlungserwartungen erzeugt »Genosse«, wie das folgende Kapitel ausführen wird, die Disziplin und Freude, den Enthusiasmus und Mut kollektiver politischer Arbeit.

3. VIER THESEN ZUM KONZEPT GENOSSE

Vielfältige Bilder politischer Beziehungen bevölkern die politische Ideengeschichte. Über Jahrhunderte hinweg versuchten Denker und Philosophen, die Macht und Machtausübung durch die Darlegung von Pflichten und Aufgaben, von Tugenden und Eigenschaften einzelner politischer Figuren zu erklären. So verhalf Machiavelli dem Fürsten zu Ruhm, obwohl er nicht als Einziger für oder über Fürsten schrieb. Es gibt unzählige Abhandlungen über Könige, Monarchen und Tyrannen. Die politischen Denker beschrieben den Bürger und den Ausländer, den Nächsten und den Fremden, den Herren und den Knecht, den Freund und den Feind; ihre Studien ergründeten die private Sphäre: Herr und Sklave, Mann und Frau, Eltern und Kind, Schwester und Bruder; und auch den Arbeitsplatz: Lehrer und Schüler, Bourgeois und Proletarier. Doch in all diesen Darstellungen der Macht – ihrer Genese, Ausübung und Schranken – findet der Genosse keine Erwähnung. Er taucht nicht auf.

In der US-amerikanischen Politikwissenschaft und Staatstheorie ist, um ein spezifisches Beispiel zu nennen, die Leerstelle »Genosse« womöglich ein Vermächtnis des Kalten Krieges. In seiner historischen Studie über den Einfluss des McCarthyismus auf die Fachrichtung Philosophie in den Vereinigten Staaten erklärt John McCumber, die politische Philosophie sei zwanzig Jahre lang aus der Disziplin verbannt gewesen.[170] Die akademische politische Philosophie trat erst 1971 mit John Rawls' *Theorie der Gerechtigkeit* wieder in Erscheinung – einem Buch, das die Politik einer moralischen Rechtfertigung unterwarf und echte politische wie gesellschaftliche Fragen mit einem »Schleier des Nichtwissens« ausklammerte.[171] Der Kalte Krieg erklärt aber nicht, warum sich auch nur wenige sozialistisch-kommunistische Theoretiker systematisch mit den Eigenschaften und Erwartungen von Genossen befasst haben. Eine umfassende Studie des Genossen gibt es im »wissenschaftlichen Sozialismus« vielleicht deshalb nicht, weil die sozialistisch-kommunistische Theorie weder eine politische Souveränitätstheologie noch eine humanistische Menschengemeinschaft vermittelt. Sie bietet keine kunstvollen Ursprungsmythen, sondern konzentriert sich stattdessen auf geschichtliche Auseinandersetzungen und Kämpfe. Die sozialistischen und kommunistischen Parteien entstanden aus Spaltungen und Zerwürfnissen, in denen die Beziehung als Genossen zugleich endet und beginnt.

Eine Ausnahme von dieser generellen Leerstelle einer Theorie der Genossen bilden die Schriften der bolschewistischen Theoretikerin Alexandra Kollontai, eine weitere die Texte des sowjetischen Schriftstellers Maxim Gorki. Keiner der beiden bietet zwar eine systematische oder analytische Erläuterung des Genossen als Symbol politischer Zugehörigkeit. Sehr wohl aber verschaffen sie uns einen affektiven Zugang zu dem utopischen Versprechen der Genossenschaftlichkeit.

Erste These: »Genosse« benennt ein Verhältnis, das sich auszeichnet durch Gleichheit, Gleichstellung und Solidarität. Für Kommunisten sind diese Gleichheit, Gleichstellung und Solidarität utopisch, denn sie durchbrechen die Bedingungen der kapitalistischen Gesellschaft.

In ihren Texten über Prostitution, Sexualität und Familie beschreibt Kollontai in den ersten Jahren der bolschewistischen Revolution die Kameradschaft und die Solidarität als Leitwerte, die für den Aufbau einer kommunistischen Gesellschaft notwendig sind. Kameradschaft ist für sie ein »Zusammengehörigkeitsgefühl«, ein Verhältnis unter freien und gleichen kommunistischen Arbeitern.[172] Im Kapitalismus sind Arbeiter nicht automatisch Genossen, weil der Kapitalismus sie zu entzweien und in Konkurrenten, Egoisten und Duckmäuser zu verwandeln sucht. Der Kommunismus schafft diese Verhältnisse ab:

»An Stelle der individuellen und egoistischen Familie wird eine große allgemeine Arbeiterfamilie erstehen, in welcher alle Arbeiter, Mann und Weib, auch neben allem Geschwister und Kameraden sein werden«, schreibt Kollontai.[173] »Genosse« verweist auf eine Umgangsweise, die der Isolierung, Hierarchie und Unterdrückung durch bürgerliche Beziehungsformen, insbesondere in Arbeit und Familie, im Kapitalismus entgegensteht. Dieser Modus zeichnet sich aus durch Gleichstellung, Solidarität und Respekt; Kollektivität ersetzt Egoismus und Eigennutz. Das russische Wort für »Genosse«, товарищ, ist zwar maskulin; es ist aber so kraftvoll, dass es die Menschen von den Fesseln der Grammatik befreit. Ein sowjetisches Buch über die Literatursprache überliefert 1925 das Beispiel »Genosse Schwester« – eine Formulierung, die in russischen Ohren zwar komisch klingt, aber die neue Sprache und Einstellung der Revolution aufruft.[174]

Kameradschaft ist für Kollontai ein Kernprinzip der proletarischen Moral, »mit dessen Hilfe die menschliche Psychologie [im Kommunismus] umgeformt werden wird«. Sie erzeugt neue Ansichten, so dass sich die Menschen nun auf einer Stufe und nicht mehr zur Unterwerfung gezwungen sehen. So leben sie »im Geiste [...] der Freiheit statt des Eigentums, der Kameradschaft an Stelle von Ungleichheit und Unterordnung.«[175]

Anfang des 20. Jahrhunderts schrieb Maxim Gorki eine Kurzgeschichte, 1906 im sozialdemokratischen *Vorwärts* auf Deutsch veröffentlicht, die schlicht »Genosse« heißt. Die Geschichte erzählt von der belebenden Macht des Wortes Genosse. Gorki skizziert »Genosse« als ein Wort, das »gekommen sei, um die ganze Welt zu einen, alle Menschen auf die Höhe der Freiheit emporzuheben und sie mit neuen Banden zu verknüpfen, mit den starken Banden der gegenseitigen Achtung«.[176] Die Geschichte spielt in einer grausamen und »finstere[n], traurige[n] Stadt«,[177] einer Stadt der Feindseligkeit und Gewalt, der Erniedrigung und der Wut, in der sich die Schwachen der Herrschaft der Starken ergeben. Inmitten dieses elenden Leidens sticht ein Wort hervor: Genosse! Die Menschen sind nicht länger Sklaven. Sie verweigern die Unterwerfung. Sie werden sich ihrer Stärke bewusst. Sie erkennen, dass sie selbst die Kraft des Lebens sind.

Wenn Menschen »Genosse« sagen, können sie die Welt verändern. Gorki gibt das Beispiel einer Prostituierten, die eine Hand auf ihrer Schulter spürt und der Freudentränen in die Augen steigen, als sie das Wort »Genossin« hört.[178] Mit diesem Wort wird sie angerufen, nicht als selbstverdingtes Objekt der Begierde von anderen, sondern als Gleiche in einem gemeinsamen Kampf gegen jene Verhältnisse, die Verdinglichung und Kommodifizierung erfordern. Ebenso geht es einem Bettler, einem Kutscher und einem Polizisten – für sie alle strahlt »Genosse« wie ein Stern, der ihnen die Zukunft weist. Ebenso wie Kollontai verbindet Gorki das Wort »Genosse« mit der Freiheit von Knechtschaft und Unterdrückung, mit Gleichheit und Gleichstellung. Ebenso wie sie zeichnet er den Genossen als Gegensatz zur egoistischen Ausbeutung, Hierarchie, Konkurrenz und Verelendung im Kapitalismus. Und ebenso wie Kollontai knüpft Gorki Genossenschaftlichkeit an einen Kampf für und die Vision von einer Zukunft, in der wir alle Genossen sein werden.

Ähnlich romantische Lobeshymnen auf die Beziehungen unter Genossen stimmt die amerikanische Zeitschrift *The Comrade* an, die zwischen 1901 und 1905 herausgegeben wurde. *The Comrade* war eine monatlich erscheinende Illustrierte, die sich an moralisch gesinnte Sozialisten der Mittelschicht richtete. Sie brachte Gedichte, Kurzgeschichten, Artikel zur Wirtschaft und zur Lage der Arbeiterklasse, Übersetzungen europäischer Sozialisten und autobiografische Aufsätze à la »Wie ich Sozialist wurde«.[179] In der Zeitschrift, die teils von Walt Whitmans »männliche[r] Liebe von Kameraden«[180] inspiriert war, spiegelt sich dessen Homoerotik, Homosozialität und feierliche *queerness*.[181] Die Beziehung zwischen Genossen ist eine Beziehung neuen Typs, die die Schranken der Familie, des Heteropatriarchats und der Geschlechterbinarität durchbrechen. Eine der Kurzgeschichten, »Die Sklavin eines Sklaven«, ist dafür ein gutes Beispiel: Die Hauptfigur ist (in der Sprache der damaligen Zeit) ein »Wildfang«, der eine arme Frau vor ihrem brutalen Ehemann zu retten versucht. Sie scheitert, aber schätzt sich dabei glücklich, selbst niemals eine Frau zu werden.[182] Heutzutage erkennen wir in dieser Protagonistin wohl eine stolze Transgender-Person.

In *The Comrade* erschienen Hymnen auf den Genossen und seine Verbundenheit. »Kameradenliebe erfüllt die Welt«, so träumt George D. Herron in seinem »Lied vom Morgen«.[183] Edwin Markhams Gedicht »Die Liebe der Genossen« spricht von Genossen-Bienen.[184] Ein weiteres Gedicht aus Herrons Feder verwendet »Genosse« als Vorsilbe: Genossentag, Genossenheim, Genossenmarsch, Genossenzukunft, Genossensterne.[185] Der russische Konstruktivist Alexander Rodtschenko dehnt das Feld der Genossenschaftlichkeit noch weiter aus, auf Genossengegenstände und Genossendinge. 1925 schreibt er in Paris:

> Das Licht aus dem Osten bedeutet nicht nur die Befreiung der Werktätigen, das Licht aus dem Osten besteht auch in der neuen Beziehung zum Menschen, zur Frau, zu den Gegenständen. Unsere Gegenstände in unsern Händen müssen auch gleichberechtigt, müssen auch Kameraden sein, und nicht diese düsteren und finsteren Sklaven wie hier.[186]

Auch bei dem sowjetischen Schriftsteller Andrej Platonow gibt es genossenhafte Sonne und Sterne, Genossenpflanzen, den genossenhaften Rücken eines Pferdes.[187] Wie Oxana Timofeeva bemerkt: »In seinen Schriften sind nicht nur Menschen, sondern alle Lebewesen, auch Pflanzen, überwältigt vom *Wunsch nach Kommunismus*«.[188]

Diese Beispiele sowjetischer Autoren und amerikanischer Sozialisten verknüpfen Kameradschaftlichkeit mit einer Zukunft, die von Gleichstellung und Zugehörigkeit gekennzeichnet ist, von der Zuneigung und Achtung unter Gleichen, die so groß ist, dass sie sich nicht auf zwischenmenschliche Beziehungen beschränken lässt, sondern auch Insekten und Galaxien (Bienen und Sterne) sowie Gegenstände überhaupt umfasst.[189] Genosse markiert die Trennlinie zwischen der Welt des Elends von heute und der egalitären kommunistischen Welt von morgen.

Wie die revolutionäre sowjetische Geschichte und die von Whitman inspirierte angloamerikanische Homosozialität des frühen 20. Jahrhunderts,[190] so ersetzt auch das chinesische Wort für Genosse, 同志 (tóngzhì), hierarchische und vergeschlechtlichte Beziehungsbezeichnungen durch ein »Ideal des Egalitarismus und Utopismus«.[191] Auf Chinesisch bedeutet *tóngzhì* heute auch »schwul«. Laut Hongwei Bao ist *tóngzhì* per se queer: Das Wort »zeichnet gesellschaftliche Verhältnisse auf neue Weise; eine Weise, die die traditionelle Familien- und Verwandtschaftsstruktur für Beziehungen und Verbindungen unter Fremden öffnet, die dieselben politischen Ansichten teilen, und die private in öffentliche Vertrautheit verwandelt«.[192] Damit erinnern Baos queere Genossen an Jason Franks Interpretation des egalitären Ethos in den Kalmus-Gedichten von Whitman, in denen erotisch-kameradschaftliche Beziehungen die »identitären Unterschiede der Ortsgebundenheit, Ethnizität und Klasse, des Berufs und Geschlechts, der Rasse und Sexualität« destabilisieren und überwinden.[193]

Kollontai, Gorki und ihre queeren Genossen haben meine erste These über den Genossen inspiriert: »Genosse« ist die generische und egalitäre – für Kommunisten und Sozialisten zudem utopische – Chiffre für eine politische Beziehung. Die egalitäre Dimension von »Genosse« benennt ein Verhältnis, das die gegenwärtig vorgegebenen Beschränkungen durchbricht. Diese Bedeutung von »Genosse« scheint auch im Schlusskapitel der *Verdammten dieser Erde* durch, wenn Frantz Fanon seine Leser wiederholt als Genossen anspricht: »Los, Genossen, Europa hat endgültig ausgespielt, es muß etwas anderes gefunden werden.« Im letzten Satz des Buches heißt es: »Für Europa, für uns selbst und für die Menschheit, Genossen, müssen wir eine neue Haut schaffen, ein neues Denken entwickeln, einen neuen Menschen auf die Beine stellen.«[194] Für dieses Unterfangen ist »Genosse« der geeignete Modus der Ansprache: egalitär, generisch-allgemein, abstrakt und – vor einem Hintergrund von Hierarchie, Zersplitterung und Unterdrückung – utopisch.

Nicht allein die Kommunisten betonen die utopische Dimension von »Genosse«. George Orwell beschreibt in *Mein Katalonien* das Barcelona des Jahres 1936, während des Bürgerkriegs, als Ort utopischer Genossenschaftlichkeit. Aus dem revolutionären, anarchistisch geprägten Barcelona berichtet er: »Unterwürfige, ja auch förmliche Redewendungen waren vorübergehend verschwunden. Niemand sagte ›*señor*‹ oder ›*Don*‹ oder sogar ›*Usted*‹. Man sprach einander mit ›Kamerad‹ und ›du‹ an und sagte ›Salud!‹ statt ›*Buenos días*‹.«[195]

Vor der zunehmend nationalistischen und autoritären, äußerst kompetitiven, ungleichen und von Elend gezeichneten Szenerie einer Welt anthropozäner Erschöpfung fällt es schwer, die Hoffnung, die Zukunftszugewandtheit und das Gefühl des gemeinsamen Kampfes wieder aufleben zu lassen, die einst zur revolutionären Tradition gehört haben. Was also heißt Genossenschaftlichkeit für uns? In dem gesamten Buch spiegelt sich meine Überzeugung, dass uns eine spekulativ-synthetische Schilderung der Genossenschaftlichkeit zu einem aktuell nötigen Blickwinkel auf die politische Beziehung verhilft; denn diese Schilderung filtert aus dem unterschiedlichen Gebrauch von »Genosse« als Modus der Ansprache, Symbol der Zugehörigkeit und Behälter für überindividuelle Erwartungen die Gemeinsamkeiten heraus. Genossen sind nicht bloß Überlebende und nicht nur Unterstützer. Sie stehen im Kampf für eine befreite emanzipierte Welt auf derselben Seite.

Zweite These: Jeder kann, aber nicht alle können Genosse sein.

Wer ist der Genosse? Diese Frage steht in Ernst Lubitschs Film *Ninotschka* von 1939 im Mittelpunkt, als Greta Garbo zum ersten Mal auftritt.[196] Die drei einfachen sowjetischen Handelsbeauftragten Iranoff, Buljanoff und Kopalski sollen in Paris den Verkauf von Juwelen arrangieren, die bei russischen Aristokraten beschlagnahmt wurden. Unglücklicherweise geben sie der bourgeoisen Versuchung nach, lassen sich von der Dekadenz des Pariser Reichtums korrumpieren, spazieren in Smokings umher und trinken Champagner. Moskau bekommt Wind von den Vorgängen und schickt einen Genossen, um die drei wieder auf Kurs zu bringen. Zu Beginn der Szene suchen Iranoff, Buljanoff und Kopalski den Genossen am Bahnhof. Aber wer ist der Genosse? »Wie soll man hier jemand[en] finden, wenn man nicht einmal weiß, wie er aussieht?«, fragt Kopalski. Iranoff beobachtet die Passanten und meint, den Genossen zu erkennen: »Das müsste er eigentlich sein!« Buljanoff stimmt zu: »Ja, sieht aus wie 'n Genosse.« Bloßer Augenschein kann indes trügen. Während sie sich nähern, grüßt der Mann, den sie sich ausgeguckt hatten: »Heil Hitler!« Iranoff schüttelt den Kopf und erklärt: »Hm, das glaub' ich nicht.«[197] Jeder könnte ihr Genosse sein. Aber nicht jeder Einzelne, nicht alle. Einige Menschen sind eindeutig keine Genossen. Sie sind Feinde. Durch bloße Beobachtung können Iranoff, Buljanoff und Kopalski nicht herausfinden, wer ihr Genosse ist. Identität hat mit Genossenschaftlichkeit nichts zu tun.

Während sie noch rätseln, was zu tun sei, nähert sich ihnen eine Frau (Greta Garbo). Sie stellt sich vor als Nina Iwanowa Jakuschowa, Sonderbeauftragte. Kopalski und Iranoff zeigen sich überrascht, dass Moskau eine Genossin schickt – »eine reizende Idee«. Hätten sie das gewusst, hätten sie Blumen mitgebracht. Jakuschowa mahnt sie: »Mein Geschlecht ist ganz nebensächlich. Wir leben, um zu arbeiten, und dazu bin ich hergekommen.«[198] Dass sie eine Frau ist, solle außer Acht gelassen werden. Abermals hat Identität mit Genossenschaftlichkeit nichts zu tun – relevant ist die Arbeit, die Arbeit am sozialistischen Aufbau.

Dass jeder, aber nicht alle Genosse sein können, verdeutlicht, dass »Genosse« ein Beziehungsverhältnis benennt, das zugleich eine Trennlinie ist. Es fußt auf Integration und Ausschluss; es handelt sich nicht um eine unendlich offene oder flexible Beziehung, sondern ihre Voraussetzung sind Trennung und Kampf. Genossen haben einen Feind. Doch anders als Carl Schmitts klassische Darstellung des Politischen als intensiver Antagonismus zwischen Freund und Feind ist Genossenschaftlichkeit keine Frage des Gegners. Die Existenz eines Gegners, eines Kampfes ist für die Beziehung unter Genossen Bedingung beziehungsweise Hintergrund, aber sie bestimmt sie nicht. Genossen stehen auf derselben Seite einer Trennlinie. Im Lichte dieser Trennung sind sie gleich. Ihre Gleichheit ist die Gleichheit derer, die auf derselben Seite stehen. Wer »Genosse« sagt, verkündet eine Zugehörigkeit und Gleichheit, die sich daraus ergibt, auf derselben Seite zu stehen.

Diese Gleichheit zeigt sich nicht bloß in der Beziehung zwischen Parteigenossen, sondern auch in dem soldatischen Ausdruck

»Kampfgenosse« (*comrade in arms*). Mit »Kampfgenosse« oder »Waffenbruder« sind Menschen bezeichnet, die auf derselben Seite gegen einen Feind, andere Soldaten oder andere Gruppen von Waffenbrüdern kämpfen. In seiner Einleitung zu *Die Verdammten dieser Erde* schreibt Jean-Paul Sartre: »für jeden Bruder ist sie [die Nation] überall da, wo andere Brüder kämpfen. Diese brüderliche Liebe ist die Kehrseite des Hasses, den sie gegen uns nähren.«[199] Sartres Rückgriff auf ein brüderlich-verwandtschaftliches Register, das sich auch im deutschen Sprachgebrauch spiegelt,[200] bringt das ethnische und blutsmäßige Fundament der Nation ans Licht, das Schmitts Begriff des Freundes verdeckt. Sartre verweist uns nicht nur auf das gemeinsame Verhältnis der Waffenbrüder zum Feind (dem Verhassten, den es zu töten gilt), nicht nur auf Waffenbrüder als Menschen auf derselben Seite, sondern auch auf den Unterschied zwischen dem Waffenbruder und dem Genossen als sozialistisch-kommunistisches Symbol der Zugehörigkeit: Diese Solidarität der Genossen ist kein verkehrter Hass. Wie wir bei Kollontai und Gorki sahen, ist sie eine Reaktion auf Zersplitterung, Hierarchie, Vereinzelung und Unterdrückung. Dadurch, dass sie auf derselben Seite stehen, stellen die Genossen sich gegen diese Mechanismen und lehnen sie mit der egalitären Kraft der Zugehörigkeit und Zusammengehörigkeit ab.

Wie gesagt: Jeder kann, aber nicht alle können Genosse sein. Dieser Fakt verdeutlicht, dass Genossenschaftlichkeit ein Verhältnis und eine Spaltung bezeichnet (»wir« und »sie«); eine politische Beziehung, die aber nicht deckungsgleich ist mit der Beziehung zwischen Freund und Feind, welche Schmitt als eine absolut und ausschließlich staatliche Beziehung fasst. Vielmehr birgt sie einen Möglichkeitsraum: Jeder kann Genosse sein, aber nicht alle. Und sie birgt einen Raum der Unzugehörigkeit: Wer nicht mein Genosse ist, ist nicht notwendigerweise mein Feind. Man kann Beobachter sein, kann politisch unbeteiligt sein, kann Unterstützer mit Eigeninteressen sein, die sich zeitweise mit anderen Interessen decken, man kann jemand sein, der später vielleicht einmal zum Genossen wird.

Allgemein statt einmalig

Die Beziehung von Genossen ist keine verwandtschaftliche. Man wird nicht als Genosse geboren. »Genosse« bezeichnet eine Beziehung, die sich unterscheidet von der zwischen Brüdern, Schwestern, Eltern und Kindern, Ehegatten oder Cousins und Cousinen. Verwandte können politische Gegner sein, und die Abstammung mag uns verbinden, während die Politik uns scheidet. Dasselbe gilt für die Ehe: Menschen können verheiratet und doch nicht Genossen sein. Umgekehrt gilt Frida Kahlos berühmter Ausspruch über Diego Rivera, den sie zweimal heiratete: »Diego ist Niemandes Ehemann und wird es nie sein, aber er ist ein großer Kamerad.«[201]

In ihrer Geschichte der britischen Arbeiterbewegung, *Genosse oder Bruder?*, bemerkt Mary Davis: »Kameradschaftlichkeit fußt auf Brüderlichkeit, transzendiert sie aber.«[202] Die Leichtigkeit, mit der man in überwiegend männlich dominierten Gewerkschaften jemanden »Bruder« nennt,[203] drückt Solidarität aus und erinnert zugleich an die Herausforderungen, vor denen die organisierte Arbeiterklasse in Sachen Abstammung und Geschlecht gestanden hat. Jemanden als »Genosse« (*comrade*) anzusprechen ist etwas anderes, als das Gegenüber als »Bruder« oder »Schwester« zu bezeichnen – erst hier steht man im Englischen unmittelbar vor dem Problem der Zuordnung einer Geschlechtsidentität. Bruder und Schwester fußen auf der Vorstellung einer Familie, sei es einer Kern- oder Großfamilie oder auch der humanistischen Menschenfamilie. Anders als in den Familienspielarten – in denen das Verhältnis der Geschwister auf Rivalität fußt und das Verhältnis des Kindes zu den Eltern von dem Wunsch geprägt ist, diese zu stürzen, zu ersetzen und womöglich zu besitzen oder zu verschlingen – bezeichnet »Genosse« eine kategorische Gleichstellung und Gleichheit, ein Absehen von der Person, eine Gegenseitigkeit. Das Verlangen richtet sich nicht auf das Übertrumpfen oder Ersetzen, sondern auf aktive und passive Unterstützung, auf den Wunsch, nicht im Stich gelassen zu werden und nicht im Stich zu lassen. Es ist der Wunsch nach Kollektivität.

Die Beziehung zwischen Genossen, die nicht durch Blut oder Ehe vermittelt ist, ist ebenso wenig vermittelt durch das Erbrecht – eines der konstitutiven Merkmale der Durchdringung von Staat und

Familie. Anstatt Eigentum und Privilegien weiterzugeben, wendet sich das Konzept Genosse aktiv gegen beides, stört deren Rangordnungen mit seinem Beharren auf Gleichstellung und gemeinsamer Bedürftigkeit. In *Tschewengur* unterstreicht Tschepurnyj den Unterschied zwischen Genossen (oder Kameraden) und Brüdern:

> »Genossen … Prokofij nannte euch Brüder einer Familie, aber das ist eine glatte Lüge: alle Brüder haben einen Vater, aber die meisten hatten eindeutig von Anfang an keinen Vater. Nicht Brüder sind wir, sondern Kameraden – wir sind füreinander Ware und Münze, denn andere bewegliche oder unbewegliche Güter besitzen wir nicht …«[204]

Dieser Abschnitt zeichnet die Kameradschaftlichkeit als eine Beziehung der Enterbten, des besitzlosen »schmutzigen Volks«, jener Menschen, die bloß einander haben.[205] Familiäre Beziehungen bedeuten Eigentum, Besitz und die Übertragung von Blut, Name und Stellung. Genossenschaftlichkeit ist ein materielles Verhältnis derer, die einander brauchen, weil sie sonst nichts haben, wie ich in Kapitel zwei ausführte. Tschepurnyj, der Vorsitzende des Revolutionären Aktionskomitees von Tschewengur, erklärt: »›der Besitz hat nur einen vorübergehenden Wert, Genossen aber sind eine Notwendigkeit, ohne sie erringst du keinen Sieg und wirst selbst zum Aas.‹«[206] Tatsächlich stellt Platonow den gesamten Roman hindurch Eigentum gegen Genossen. Auf die Kritik, dass ihr »die Qualifikation und das Bewußtsein« fehle, erwidert eine Figur: »›Nichts haben wir […] Nichts ist uns geblieben als der Mensch, dadurch ist ja unsere Gesellschaft zustande gekommen.‹«[207] Ein intensives Einlassen auf Andere vollzieht sich im Kreise derer, die Eigentum nicht kümmert, weil sie keines haben. Umgekehrt richten die Individuen, die sich selbst genug sind, ihre Aufmerksamkeit auf das Eigentum. Gegen Ende lässt Platonow eine Figur sagen: »›Ihn hat niemand gern gehabt, da hat er verlernt, auf Menschen angewiesen zu sein und hamstert Besitz statt Freunde.‹«[208] Das Verhältnis unter »Freunden« oder vielmehr Genossen unterscheidet sich von Verwandtschaftsverhältnissen, weil Genossen einander brauchen – Familien haben einander bloß am Hals.

Der Genosse ist auch nicht der Nächste oder Mitmensch.[209] Seine räumliche Nähe macht einen Menschen noch nicht zum Genossen. Wir können Teil derselben Gegend, derselben Gemeinschaft, Sippe oder Nachbarschaft sein, ohne Genossen zu sein. Genossenschaftlichkeit bezeichnet weder ein räumliches Verhältnis noch eine Verpflichtung, die aus örtlicher Nähe oder gemeinsamer Sozialität erwachsen würde. Im Zusammenhang mit Kommunisten verweist »Genosse« auf politische Bewegung, Mobilität, Energie, auf heimatlosen Kosmopolitismus, auf Internationalismus. Unter anderem wegen dieser Ortsungebundenheit wird der Genosse misstrauisch beäugt – Genossen sind womöglich enger verbunden mit weit entfernten Menschen als mit denen von nebenan.

Der Genosse ist auch nicht dasselbe wie der Nächste im ethischen Sinne. »Liebe deinen Genossen wie dich selbst«, das ergibt keinen Sinn: Genossen lieben sich nicht als einmalige, besondere Individuen. Ihre individuellen Vorlieben und Neigungen ordnen sie ihren politischen Zielen unter. Das Verhältnis der Genossen zueinander ist nach außen gerichtet – auf das Projekt, das sie gemeinsam verwirklichen, auf die Zukunft, die sie in die Welt bringen wollen. Sie schätzen einander als gegenseitige Hilfsmittel in einem gemeinsamen Kampf: Genossen sind Notwendigkeit. In reinster Form begegne uns die Andersheit, so schreibt Žižek, »wenn wir den anderen als einen Nächsten erleben: als den undurchschaubaren Abgrund außerhalb aller symbolischen Identität.«[210] Dagegen ist der Genosse eine generische Chiffre, eine Chiffre der Gleichheit, die symbolische Identität derjenigen, die zur selben Seite gehören. Wie Žižek anmerkt, ist – bei Lacan – das Subjekt gespalten zwischen dem leeren Subjekt des Sprechakts und »den symbolischen Eigenschaften, die es im oder für den großen Anderen identifizieren (dem Signifikanten, der es für andere Signifikanten repräsentiert).«[211] Die Facette des Genossen, welche die Nichtgenossen vor allem beunruhigt, ist der offenkundige Zusammenbruch dieser beiden Dimensionen. Der Genosse scheint nichts als diese symbolische Identität zu sein; der Äußerungspunkt ist besetzt vom großen Anderen der Partei. Bettina

Aptheker zitiert in *Morgenröte. Der Prozess gegen Angela Davis* den US-Philosophen (und ehemaligen Kommunisten) Sidney Hook mit der Behauptung, ein Kommunist sei »per definitionem unfähig zu kritischer Analyse und unabhängigem Urteilen und [sei] folglich fachlich ungeeignet.«[212] Mit diesem Argument versuchte die Leitung der University of California, Angela Davis als Philosophiedozentin aus der UCLA zu entfernen, weil sie Mitglied der Kommunistischen Partei war. Das Unterfangen scheiterte.

Insofern »Genosse« ein Verhältnis benennt, das generisch, Gleichstellung gebietend (*equalizing*) und offen ist für jeden, aber nicht für alle, besteht unter Umständen eine Vergleichbarkeit mit einem anderen Modus politischer Mitgliedschaft: dem Bürger. Doch die Staatsbürgerschaft ist ein vom Staat vermitteltes Verhältnis, während der Genosse über den Staat hinausweist. Der Staat ist für sie kein Bezugsrahmen. »Genosse« bezeichnet nicht jede Person, die in einem bestimmten Gebiet geboren oder wohnhaft ist. Genossen findet man in der ganzen Welt. Auch in dieser Hinsicht ist das sozialistische US-Magazin von Anfang des 20. Jahrhunderts, *The Comrade*, durchaus bemerkenswert, denn es publizierte Briefe, Reden, Artikel und andere Texte europäischer Sozialisten. Auch wenn die US-Sozialisten damals noch keiner »Internationale« angehörten, traten sie für eine internationale politische Bewegung ein und fühlten sich ihr verbunden. Dass der Genosse mit dem Bürger über Kreuz liegt, zeigt sich auch in der Furcht des Staates, Kommunisten seien einer staatsgefährdenden Organisation loyal verbunden und also Verräter. Während des Kalten Krieges (und in der rechten Rhetorik noch heute) wurde in den Vereinigten Staaten »Genosse« sarkastisch und abwertend gebraucht und sollte die gefährliche Andersartigkeit der Kommunisten untermalen. Genosse und Bürger können also in einem antagonistischen Verhältnis stehen, denn die Disziplin des Genossen ersetzt das Recht des Staates.

Wenn wir den Staat unter dem Blickwinkel der Souveränität betrachten und das Konzept des Politischen mit einbeziehen (welches nach Schmitts Unterscheidung zwischen Freund und Feind mit der Souveränität assoziiert ist), dann zeigt sich, warum Genossenschaftlichkeit für den Staat so bedrohlich erscheint: Sie stört die praktische Identitätsfeststellung von Freund und Feind.[213] Sie verhindert diese Feststellung mit neuen Banden – und mit Maskierung und Tarnung, wie ich unten erkläre. »Genosse« weist die staatliche Logik der Identitätsfeststellung (Papiere, Überwachung) zurück und postuliert etwas Mehrdeutigeres – jeder könnte Genosse sein.

Eine Beziehung zwischen Genossen ist nicht dasselbe wie eine freundschaftliche Beziehung. Angesichts der aktuellen Probleme in linken Kreisen, die bisweilen wie abgeschlossene Cliquen wirken, ist das ein wichtiger Punkt: Menschen, die sonst auf derselben Seite stehen würden, finden womöglich gar nicht zueinander, weil sie in den oftmals exklusiven und abweisenden Affinitätsgruppen keine Gemeinsamkeit oder Zugehörigkeit verspüren. Umgekehrt können persönliche Animositäten, die Freundschaften zerstören, auch die politische Arbeit von Genossen untergraben. Claudio Lomnitz veranschaulicht das in *Die Rückkehr des Genossen Ricardo Flores Magón*. Lomnitz beschreibt die Lebenswelt des Partido Liberal Mexicano, eines transnationalen Netzwerks revolutionärer, libertärer Kommunisten, das in Mexiko und den Vereinigten Staaten operierte und sich an der Mexikanischen Revolution von 1910 beteiligte: Die mexikanischen Auswanderer und Exilierten in den Vereinigten Staaten verflochten ihre politische Arbeit mit der Arbeit fürs Überleben in kapitalistischen Verhältnissen. Obwohl sie sich der Sache ganz verschrieben hatten, zeigten sich einige Genossen zugänglich für den Opportunismus der weniger Aufrichtigen und die Ausbeutung derer, die in den Vereinigten Staaten vor allem Schmied ihres eigenen Glücks werden wollten. Die Streitigkeiten über Anteil und Arbeit, Politik und Engagement gingen in Unterwanderungsparanoia über. Lomnitz schreibt:

> Galt ein Genosse als opportunistisch und hatte überdies persönliche Ambitionen, konnte er natürlich versucht sein, die Seiten zu wechseln und vielleicht gar seine Genossen zu verkaufen. Deswegen war die Trennlinie zwischen persönlicher Abneigung und der Verdächtigung als Verräter bisweilen sehr dünn und es bedurfte einiger Anstrengungen, diese Trennung aufrechtzuerhalten.[214]

Genossen können Freunde sein, aber Freundschaft und Genossenschaftlichkeit sind nicht dasselbe.[215] Am deutlichsten wird das, wenn Freundschaften schwinden. Persönliche Abneigung bedeutet nicht, dass die betreffende Person kein Genosse ist. In winzigen Gruppen verschwimmen und überlappen sich genossenhafte und freundschaftliche Beziehungen. Einen Unterschied und Abstand zwischen beiden zu wahren bedeutet Anstrengungen und ist eine wichtige Arbeit. Genossenschaftlichkeit erfordert einen Grad der Entfremdung von den persönlichen Bedürfnissen und Ansprüchen, denen Freunde wiederum Beachtung schenken müssen.

In Aristoteles' *Nikomachischer Ethik* steht zu lesen, Freundschaft sei eine direkte Beziehung zweier Menschen zum gegenseitigen Wohle. Sie ist demnach eine in der Person begründete Beziehung, zum Wohle oder zur Entfaltung des Einzelnen. In seiner Interpretation der aristotelischen Freundschaft begreift sie Jacques Derrida als »die Singularität von Einzelnen: vorzuziehen sind *bestimmte* Freunde.«[216] Freunde werden ausgewählt, selektiert, auf der Grundlage ihrer Strahlkraft, Güte oder Tugend. Man kann nur eine kleine Zahl von Freunden haben – die Zeit genügt nicht, um sich einer noch größeren Zahl zu widmen. Für Derrida markiert dieses Zählen, die Quantifikation, das Moment »des Politisch-werdens einer Freundschaft«. Freundschaft sei nicht an sich oder notwendig politisch.[217] Das egalitäre Postulat der Genossenschaftlichkeit hingegen ist per se politisch: Genossen sind in einer Weise miteinander verbunden, die sie von anderen abhebt, die sie zu einer Partei macht.[218] Kollektivität ersetzt die individuelle Einmaligkeit der Freundschaft. Genossen wählt man nicht aus. Das heißt aber wiederum nicht, dass es keine Auswahl gäbe. Und auch nicht, dass es unzählige Genossen gäbe. Vielmehr fallen das Auswählen und Zählen in den Bereich der politischen Organisation – des Aufbaus, der Ausbildung und der Verteilung der Kräfte. Genossen sucht man sich nicht aus, das macht das Kollektiv. Im Unterschied zur begrenzten Ausschließlichkeit der Freundschaft ist Genossenschaftlichkeit etwas Weites – man denke an die Bienen und Sterne, oder wie ein Unbekannter sich als Genosse entpuppt. Sie spannt sich von einem Vertrauensverhältnis bis hin zur Beziehung mit Menschen, die wir persönlich überhaupt nicht kennen. Jede und jeder kann mein Genosse sein, ob sie mich mögen oder nicht, ob sie mir gleichen oder nicht.

In *Incognegro* erwähnt Frank Wilderson mehrmals den Unterschied zwischen Genossen und Freunden. Er schildert die stundenlangen Diskussionen über Politik und Literatur mit Trevor, einem weißen Südafrikaner, der sein Student an der Universität und in einer klandestinen MK-Einheit sein Genosse war: »Irgendwann sagte ich Trevor, er sei mein bester Freund.« Trevor erwiderte, er habe keine Freunde, »nur Genossen«.[219] Wilderson wusste nicht, wie er das auffassen sollte. Trevor lehnte, so lässt sich sagen, die affektive Singularität der Freundschaft ab, die als Verhältnis außerhalb der Politik steht. Die anspruchsvolle Arbeit im politischen Kampf begründet ihre eigene Vertraulichkeit, ihre eigenen Bindungen und Dynamiken. Genossen sind verbunden durch ihre Arbeit für ein gemeinsames Ziel, nicht durch etwas bloß Persönliches. Wilderson erzählt von einer anderen Unterhaltung, mit seiner ersten Ehefrau, einer schwarzen Südafrikanerin namens Khanya, die sagt: »Du hast viele weiße Freunde [...] aber du hasst sie alle.«[220] Genossenschaftlichkeit abstrahiert von den Besonderheiten individuellen Lebens, von der Einmaligkeit lebendiger Erfahrung. Freundschaft tut das nicht. Wildersons Freunde sind weiterhin weiß, er weiterhin schwarz. In einer zutiefst persönlichen Weise, die in Leben und Sein eingewoben ist, kann er das Weiß-Sein seiner Freunde und seine Freunde für ihr Weiß-Sein hassen. Unter Genossen ist das anders – hier dreht es sich um Politik, um den Kampf, um die Disziplin der gemeinsamen Arbeit und um die starke Verbundenheit und Verantwortlichkeit, die daraus entsteht.

Die Unterscheidung zwischen dem Genossen und dem Freund zeigt auch eine unmenschliche Facette des Genossen auf: Genossenschaftlichkeit ist generisch, sie hat mit der besonderen Person oder Persönlichkeit nichts zu tun. Sie abstrahiert von den Besonderheiten des individuellen Lebens und berücksichtigt nur, welchen Beitrag diese Besonderheiten zu den gemeinsamen Zielen leisten können. Es zählt nicht die Einmaligkeit einer Fähigkeit oder Erfahrung, sondern deren Nützlichkeit für die Parteiarbeit. In diesem Sinne ist der Genosse von den Beschränkungen des Besonderen entbunden, seine Freiheit verdankt er dem gemeinsamen politischen Horizont. Diesen Aspekt benennt Ellen Schrecker in ihrem Standardwerk zum Antikommunismus in den Vereinigten Staaten: Bei der Kommunistenverfolgung unter McCarthy hieß es gemeinhin, »alle Kommunisten sind gleich«.[221] Kommunisten wurden karikiert als Marionetten, kleine Rädchen, Automaten, Roboter, ja sogar Sklaven. Einer der »wichtigsten Berufszeugen der McCarthy-Ära« gab zu Protokoll, Menschen, die Kommunisten geworden waren, seien »keine Individuen mehr, sondern Roboter; sie waren Geiseln einer geistigen und moralischen Sklaverei, die weit schlimmer war als jedes Gefängnis«.[222] Die Wahrheit, die diesem antikommunistischen Zerrbild zugrunde liegt, ist die Generizität des Genossen: das Konzept »Genosse« als diszipliniertes und disziplinierendes Verhältnis, das persönliche Interessen übersteigt. Genossenschaftlichkeit ist keine persönliche Sache, sondern eine politische.

Die »anderen Beziehungsverhältnisse« – die Verwandten, der Nächste, der Bürger, der Freund – bezeichnen Regressionen der Genossenschaftlichkeit: die Fehler der Genossen, wenn sie ihre Verbindung durch Abstammung, Ethnizität, Nationalität und Persönlichkeit verdinglichen. Es zeigt sich diese falsche Substanzialisierung beispielsweise im italienischen Gebrauch von *comrade* als Anrede: Im Italienischen ist die wörtliche Übersetzung, *camerata*, nämlich ein politisches Zeichen der Faschisten. Gleichermaßen hat das deutsche »Kamerad« eine starke soldatische Färbung. Allerdings sind diese Formen eindeutig regressiv: Der Faschist kann nicht sagen, jeder könne *camerata* sein; in der italienischen Linken gebraucht man daher *compagno* und *compagna*. Deutsche Sozialisten und Kommunisten sprechen von »Genosse« und »Genossin«; das Wort stammt vom Althochdeutschen *ginôz* und *ginôzo*, womit ein gemeinsamer Nießbrauch oder Gebrauch einer Sache, das kooperative Eigentum oder geteilte Nutzungsrecht bezeichnet ist, wie ich in Kapitel zwei erläutert habe.[223] Zurück zur Sache: Die emanzipatorisch-egalitäre Energie von »Genosse«, sein belebendes Potenzial und sein Vermögen, gesellschaftliche Verhältnisse in ein neues Licht zu rücken, ergibt sich aus seiner Generizität: Jeder kann, aber nicht alle können Genosse sein. Wenn Genossenschaftlichkeit in Nationalität,

Ethnizität oder Abstammung übergeht, wenn sie als Beziehung zum persönlichen Nutzen missverstanden wird und wenn sie mit staatlich vermittelten Verhältnissen gleichgesetzt wird, dann sind Form und Vorteil des Generischen allerdings verloren.

Dritte These: Das Individuum (als Sitz der Identität) ist der »Andere« des Genossen.

»Genosse« bezeichnet ein Verhältnis, keine individuelle Identität. 1925 pries ein Nachruf in der *Prawda* den Verstorbenen so: »Genosse Nesterenko hatte kein persönliches Leben und keine persönlichen Bedürfnisse.«[224] Wie der Film *Ninotschka* zeigt, sollte die Weiblichkeit einer Genossin nebensächlich sein – alle haben ihre Arbeit zu machen. In der Linken dient »Genosse« oder »Genossin« als Anrede, als Namenszusatz, der dem Eigennamen voransteht: »Genossin Jakuschowa«. Der Eigenname ist Träger der individuellen Identität, die Anrede bezeugt Gleichheit. Nach einem großen, ganztägigen Protest gegen weiße Suprematisten bemerkte einer meiner Genossen freudig: »Ich muss nicht einmal wissen, wie du heißt – wir sind Genossen.« Das Wort »Genosse« tritt an die Stelle von »Herr«, »Frau« und »Bürger«. Es negiert die Besonderheit eines bestimmten Titels – eines Titels, der Unterscheidung und Rangordnung festschreibt – und ersetzt ihn mit einem positiven, egalisierenden Nachdruck. Gleichzeitig erfordert »Genosse« eine Entscheidung und prägt eine bestimmte Form und Trennlinie. Weil nicht alle Genossen sind, markiert die Anrede als Genosse eine Spaltung: Bist du auf unserer Seite oder nicht?

In der Genossenschaftlichkeit verschwindet die Individualität, bemerkt Oxana Timofeeva.[225] Als Beispiel benennt sie die Maskerade klandestin agierender Bolschewiki: Jeder könnte hinter einem solchen Schnurrbart stecken. Schrecker nennt ein weiteres Beispiel: eine Äußerung von General Herbert Brownell, Justizminister unter Präsident Dwight D. Eisenhower. Brownells Kommunistenphobie war sehr ausgeprägt, denn es war, wie er sagte, »fast unmöglich, sie

›ausfindig zu machen‹, da sie keine Mitgliedsausweise oder sonstige Dokumente mehr verwenden, die sie als das ausweisen, was sie sind«.[226] In diesen Beispielen scheint der generische Genosse auf und verdeckt die Einzelperson, die eine von vielen ist – jeder könnte es sein. Schrecker zitiert den V-Mann Herbert Philbrick: »Jeder kann ein Kommunist sein. Jeder kann sich auf einer Versammlung plötzlich als kommunistisches Parteimitglied entpuppen – ein enger Freund, ein Bruder, ein Mitarbeiter oder gar ein Arbeitgeber, ein angesehener Bürger, ein bewährter Beamter.«[227]

Bertolt Brechts Lehrstück *Die Maßnahme* ergründet gleichermaßen die antithetische Beziehung zwischen der individuellen Identität und dem Genossen: Vier Agitatoren stehen vor Gericht in Gestalt eines Parteizentralkomitees, des »Kontrollchors«, denn sie haben einen jungen Genossen getötet. Die Agitatoren beschreiben ihre Untergrundtätigkeit, mit der sie chinesische Arbeiter erreichen wollten, die sie zu organisieren suchten. Jeder Agitator musste seine Identität auslöschen, »allesamt ohne Namen und Mutter, leere Blätter, auf welche die Revolution ihre Anweisung schreibt.«[228] Alle Agitatoren, auch der junge Genosse, erklären sich einverstanden, für den Kommunismus zu kämpfen und nicht mehr sie selbst zu sein. Sie alle setzen chinesische Masken auf, erscheinen als Chinesen und nicht mehr als Deutsche oder Russen. Statt aber den Anweisungen Folge zu leisten und den Plan auszuführen, stellt der junge Genosse wiederholt sein Urteil über das der Partei und drängt vorzeitig zur Tat. Mit seinen Augen habe er gesehen, »daß das Elend nicht warten kann«, also setzt er sich über den Beschluss der Partei hinweg.[229] Er nimmt die Maske ab und zerreißt sie. Er versucht die Revolution zu beschleunigen, doch seine Unbesonnenheit wirft die Bewegung zurück. Zur Flucht vor den chinesischen Behörden gezwungen, verlassen die Agitatoren und der junge Genosse eilends die Stadt. Die Agitatoren begreifen, dass sie den jungen Genossen töten müssen, weil er sich zu erkennen gegeben hat. Der junge Genosse ist einverstanden. Die vier Agitatoren erschießen ihn, werfen ihn in eine Kalkgrube, die alle seine Spuren auslöschen wird, und begeben sich wieder an die Arbeit.

Genossen sind massenhaft, austauschbar, vertretbar. Sie sind Bestandteil von Kollektiven und Ansammlungen. »Comrade« ist (wie in Kapitel eins erwähnt) in verschiedenen romanischen Sprachen auf das Wort für die Menschen zurückzuführen, die ein Zimmer teilen oder gemeinsam reisen. Genosse zu sein bedeutet, mit einem anderen hinsichtlich des beiderseitigen Ziels eine Gleichheit zu teilen. Diese Faktoren der Gleichheit und Kollektivität verdeutlichen übrigens den Unterschied zwischen dem Genossen und dem Militanten: Der Militante ist eine Einzelfigur, die für eine Sache kämpft. Dass einer Militanter ist, sagt noch nichts über dessen Verhältnis zu Anderen. Der Militante ist Ausdruck politischer Intensität anstelle politischer Relationalität.

Im Übergang zum Kapitalismus, der sich in Russland nach 1991 vollzog, wurde das Wort Genosse diskreditiert. Alla Ivanchikova erklärte mir, dies sei ein politischer Kampf mit etymologischen Mitteln gewesen. Neuere etymologische Arbeiten suchten, den Begriff zu entpolitisieren und verächtlich zu machen. Sie unterstrichen dessen Herkunft vom Wort товар (*towar*), sprich: Ware, einem zum Verkauf bestimmten Gegenstand.[230] Ivanchikova erläuterte, »das dient eindeutig dem Beweis, dass hinter dem ganzen Gerede von ›Genossen‹ doch monetäre und marktförmige Beziehungen den Ausschlag geben. Jeder Genosse (*towarischtsch*) ist eine Ware (*towar*), wenn man nur genug zahlt.«[231] In etymologischen Erwiderungen wurde herausgestellt, dass das Wort *towar* sehr viel älter ist als dessen Bezug zur Ware oder zum käuflichen Gegenstand. *Towar* leitet sich ab von dem alten Wort für Militärlager, товару (*towarŭ*).[232] Die Soldaten nannten sich Kameraden, Genossen.

Dieser etymologischen Schlacht zugrunde liegt die Gleichheitsvermutung. Die Austauschbarkeit – ob nun von Soldaten, Waren, Schulkindern, Reisenden oder Parteimitgliedern – kennzeichnet den Genossen. Wie bei Marionetten, kleinen Rädchen und Robotern erwächst die Gemeinsamkeit nicht aus einer Identität, nicht daraus, wer man ist, sondern was man tut – kämpfen, zirkulieren, lernen, reisen oder Teil desselben Apparates sein. Politisch stehen sie auf derselben Seite. Kommunistische Genossen sind die Menschen, die für eine vom Kapitalismus befreite Gesellschaft kämpfen und zum gemeinsamen Nutzen neue, egalitäre Arten der freien Vereinigung und kollektiven Entscheidungsfindung schaffen.

Die Zweckbestimmtheit der Beziehungen zwischen Genossen ist für Antikommunisten eine Horrorvorstellung. Zusammen mit der maschinellen Unpersönlichkeit und Austauschbarkeit von Genossen erscheint die Tatsache, dass die Beziehungen der Genossen für einen äußerlichen Zweck eingegangen werden, dass sie Mittel statt Selbstzweck sind, moralisch anstößig. Dieser Einwand verkennt die Besonderheit dieser Beziehung als politischem Verhältnis, in dem man auf derselben Seite einer Barrikade steht. Er übergeht den Fakt, dass sich politische Arbeit auf überindividuelle Ziele richtet und folglich notwendigerweise eine kollektive Koordinierung erfordert. Er unterstellt eine Totalitätspolitik, die sich alle Beziehungen unterordnet, und verkennt eine abstrakte Politik, die von bestimmten gesellschaftlichen Verhältnissen befreit oder entfremdet ist. Und er verengt den Bedeutungsraum aufs Selbstbezügliche, als könnte das abstrakte generische Verhältnis derjenigen, die einer politischen Wahrheit treu sind, allein das Resultat von Manipulation sein.

Im Gespräch mit Vivian Gornick beschreibt ein ehemaliges Mitglied der CPUSA sein Leben – geprägt von Versammlungen, Aktionen, Mai-Demonstrationen, dem Verkauf des *Daily Worker* und unendlichen Marx- und Lenin-Diskussionen – als »jenseits von Gut und Böse«, als »energiegeladen, kraftvoll« und »intensiv, anspruchsvoll, erfüllt von einer Art Kameradschaft, die ich wohl niemals wieder erleben werde«.[233] In seinen Augen war er als Mitglied nützlich und lebte für einen Kampf von welthistorischer Bedeutung. Es waren keine individuellen Handlungen, sondern Momente eines kollektiven Kampfes, in denen die kollektive Kraft der Partei in Erscheinung treten konnte.[234] Eben weil er für ein gemeinsames Ziel mit anderen verbunden war, fühlte der Genosse große politische Bedeutung. Wir dürfen die bürgerliche Vorstellung nicht glauben, wonach Vertrautheit von persönlicher Öffnung, vom individuellen Erleben oder davon abhänge, was ein Gegenüber von Menschen und Ereignissen denkt. Es gibt jene andere Vertrautheit der gemeinsamen Arbeit und Zielsetzung: die Zeitung fertigmachen, die Transparente malen, eine Aktion planen, Klinken putzen.

Vierte These: Die Beziehung zwischen Genossen ist vermittelt durch die Treue zu einer Wahrheit. Praktiken der Genossenschaftlichkeit materialisieren diese Treue und verankern die Wahrheit in der Welt.

Ende des 19. Jahrhunderts war »Genosse« eine in sozialistischen Kreisen geläufige Bezeichnung. Für das Englische belegt Kirsten Harris die erste Verschriftlichung von »comradeship« im sozialistischen Sinne 1884 in der Wochenzeitung *Justice*. Einige britische Sozialisten ließen sich von Whitmans Vision einer starken Zusammengehörigkeit und Verbundenheit inspirieren. Sie entsprach ihrer Auffassung, dass sich das Verhältnis der Menschen im sozialistischen Kampf ebenso wie in der künftigen Gesellschaft weder in der »Brüderschaft« (einer in der Arbeiterbewegung geläufigen Selbstbezeichnung) noch in der »Brüderlichkeit« (einem seit der Französischen Revolution gängigen Ideal) erschöpfe.[235] Sein soldatischer Hintergrund machte das Wort zu einem tauglichen Träger für das Ideal von einem »Bund, der geschmiedet wird im Kampf, Seit' an Seit' für die gemeinsame Sache«.[236] Die britische Hinwendung zu Whitman stieß bei den US-Sozialisten auf offene Ohren. So schildert W. Harrison Riley, 1903 in einem kurzen Aufsatz für *The Comrade*, einige seiner Begegnungen mit Marx – der »ebenso gut anzuschauen wie anzuhören war«, »kräftig gebaut und außerordentlich gutaussehend«. Riley erklärt, »die Internationalisten sprachen sich mit ›Bürger‹ an, aber ich mochte die Bezeichnung nicht und ersetzte sie oft durch Whitmans Gruß ›Genosse‹«.[237]

Aber bereits vor Rileys Referenz an Whitman war »Genosse« für deutsche Sozialisten Teil des politischen Wortschatzes.[238] Marx verwandte den Begriff vielfältig in seinen Schriften, unter anderem zur Bezeichnung derer, die in derselben politischen Partei waren, die denselben politischen Kurs verfolgten. »Partei« bezog sich dabei nicht bloß auf eine formelle Organisation, sondern auf die breitere politische Bewegung. In seinem berühmten Brief über die Pariser Commune an Kugelmann lobt Marx »unsre [...] heroischen Pariser Parteigenossen.«[239] Die hier benannten Communarden sind nicht Marx' Genossen in einer bestimmten Partei, sondern in der Partei im »breiten historischen Sinne«.[240] Sie alle standen auf derselben Seite, jener der »wirklichen Volksrevolution«.[241] In einem Text für die Internationale Arbeiter-Assoziation umreißt Marx 1866 diese politische Dimension von »Genosse« und »Kamerad«: »Es ist eine der großen Aufgaben der Assoziation, zu erreichen, daß die Arbeiter der verschiedenen Länder sich nicht nur als Brüder und Kameraden der Emanzipationsarmee *fühlen*, sondern auch als solche *handeln*.«[242] Mehr als die Gewerksbrüder in ihren lokalen und nationalen Kämpfen seien die Mitglieder der IAA Genossen im internationalen politischen Kampf und stritten auf der Seite ihrer Klasse im Kampf der Arbeit gegen das Kapital. Ihre gemeinsame Lage als Arbeiter müsse die Grundlage für eine gemeinsame Politik, eine gemeinsame politische Stoßrichtung bilden. Als Kameraden in einer Emanzipationsarmee sollten sie ihre Anstrengungen vereinigen und verallgemeinern. Die Unterschiede zwischen ausländischen und einheimischen Arbeitern könnten dann nicht mehr gegen sie verwendet werden. Als Genossen seien sie alle gleich. Genau eine solche Vorstellung bildet Georg W. Pabst 1931 in seinem Film *Kameradschaft* ab: Über Tage durch Staatsgrenzen getrennt, arbeiten französische und deutsche Bergleute unter Tage zusammen an der Rettung der Kumpel, nachdem mehrere Explosionen Teile des Schachtsystems zum Einsturz gebracht hatten. Als Bergleute und als Arbeiter vereint sie ein festeres Band als das der Nationalitäten, die sie trennen.[243]

Zur vierten These führt uns der Gedanke, dass Genossen jene Menschen sind, die zu derselben Seite in einem politischen Kampf gehören: Die Beziehung zwischen Genossen ist vermittelt durch die Treue zu einer Wahrheit; Praktiken der Genossenschaftlichkeit materialisieren diese Treue. »Dieselbe Seite« verweist auf die Wahrheit, der die Genossen treu sind – die politische Wahrheit, die sie eint –, und auf die Treue, mit der sie zur Verwirklichung dieser Wahrheit in der Welt arbeiten. »Gehören« lenkt die Aufmerksamkeit auf die Erwartungen, Praktiken und Emotionen, die sich ergeben, wenn man auf derselben Seite steht.

Die Begriffe der Wahrheit und der Treue, die hier am Werk sind, stammen von Alain Badiou. Kurz gesagt, verwirft Badiou die Idee der Wahrheit als Aussage oder Urteil und argumentiert stattdessen, Wahrheit sei ein Prozess. Dieser Prozess beginnt mit dem Aufbrechen von etwas Neuem, mit einem Ereignis. Weil ein Ereignis die Situation verändert und die Schranken des Gegebenen durchbricht, ist es in Kategorien des Gegebenen »unentscheidbar« – es ist etwas völlig Neues. Badiou erklärt, die »Unentscheidbarkeit des Ereignisses führt zur Erscheinung eines *Subjekts* des Ereignisses.«[244] Dieses Subjekt ist nicht die Ursache des Ereignisses. Es ist eine Auswirkung des Ereignisses oder eine Reaktion darauf: »die Entscheidung, zu *sagen*, das Ereignis hat stattgefunden.« Die Grammatik mag uns verleiten, dieses Subjekt als »ich« zu begreifen. Wir sollten dieser Versuchung widerstehen und das Subjekt als Bezeichnung eines Wendepunkts, einer Reaktion erkennen, die das Ereignis ausdehnt. Die Entscheidung, dass eine Wahrheit erschienen ist, dass ein Ereignis stattgefunden hat, stößt einen Prozess der Bestätigung an – die »unendliche Prozedur der Verifizierung des Wahren« in der von Badiou sogenannten »(Aus-)Übung der Treue«.[245] Treue ist ein Herausarbeiten und Durcharbeiten der Wahrheit, eine Wahrheitsverpflichtung, die sich in die Welt erstreckt und sie verändert. Wir müssen hier die unweigerlich kollektive Dimension der Treue erkennen: Im politischen Bereich ist die Verifizierung ein Kampf der Vielen.

Peter Hallward umreißt einige der Folgen von Badious Wahrheitsbegriff. Erstens ist er subjektiv. Diejenigen, die einer ereignishaften Wahrheit (*vérité événementielle*) treu sind, beteiligen sich daran, sie herauszuarbeiten und ihre Folgen zu ergründen.[246] Zweitens ist Treue nicht blinder Glauben. Sie ist die entschiedene Verpflichtung ohne Rücksicht auf die individuelle Persönlichkeit, als Teil des Körpers der Wahrheit, den sie erzeugt. Hallward schreibt:

> Treue ist per definitionem ex-zentrisch, nach außen gerichtet, jenseits der Grenzen einer bloß persönlichen Integrität. Einer Ereigniswirkung treu zu sein heißt immer, sich selbst entschieden der Entfaltung ihrer Folgen hinzugeben. Treue bedeutet, Wahrheit kann – wenn es sie gibt – gegenüber dem Privaten an sich nur grausam gleichgültig sein. Jede Wahrheit erfordert auch eine Art der Antiprivatisierung, eine subjektive Kollektivierung. In der Wahrheit ist das »Ich« nur insofern relevant, als ich von dem unpersönlichen Einfluss der Wahrheit – sprich der politischen Organisation, dem wissenschaftlichen Forschungsprogramm, etc. – erfasst bin.[247]

Der Wahrheitsprozess erschafft einen neuen Körper. Der Wahrheitskörper ist ein Kollektiv mit folgendem Gebot: »Arbeite an den Folgen des Neuen« – und diese Arbeit, dieses Kollektiv diszipliniert und erfasst die Treuen.[248] Drittens bedeutet Kollektivität nicht Uniformität. Die unendliche Prozedur der Verifizierung umfasst vielfältige Experimente, Erklärungen und Effekte.

Badiou schreibt: »Eine Organisation liegt am Kreuzungspunkt einer Idee und eines Ereignisses. Dieser Kreuzungspunkt existiert jedoch nur als Prozess, dessen unmittelbares Subjekt der politische Aktivist ist«, der politische Militante.[249] Wir wollen diese Feststellung abändern und *Aktivist* durch *Genosse* ersetzen. »Genosse« akzentuiert die »*Disziplin des Ereignisses*«,[250] die bedeutet, dass politische Treue nicht von einem alleinstehenden Individuum geübt werden kann – es akzentuiert das marxistisch-leninistische Eintreten für die Einheit von Theorie und Praxis, gegen die sterile Ohnmacht des Einzelnen. »Genosse« steht auch für die Selbstaufgabe, die mit der Treue zu einer Wahrheit einhergeht: deren Einfluss und Entfaltung ist meinen persönlichen Erfahrungen und Neigungen gegenüber gleichgültig. Für Kommunisten hat dieser Wahrheitsprozess einen Körper, und dieser Körper ist die Partei, sowohl im historischen als auch im formalen Sinne. Schon in der *Theorie des Subjekts* erkennt Badiou die Notwendigkeit eines politischen Körpers, der Partei als »Subjekt-Träger jeder Politik«:

> Die Partei ist im strengen Sinn der Körper der Politik. Dass es einen Körper gibt, garantiert keineswegs, das [sic] es ein Subjekt gibt [...]. Dafür aber, dass es ein Subjekt gibt, dass man ein Subjekt findet, dafür bedarf es einer körperlichen Stütze.[251]

Als Figur der politischen Zugehörigkeit ist der Genosse eine treue Reaktion auf den ereignishaften Bruch der Massen und Bewegungen, auf die egalitäre Entladung, die aus der Energie der Vielen an einem ungehörigen Ort hervorbricht, auf die Bewegung des Volkes als Subjekt der Politik.[252] Genossen demonstrieren Treue durch politische Arbeit; durch konzertiertes, diszipliniertes Engagement. Ihre praktische politische Arbeit dehnt die Wahrheit des egalitär-emanzipatorischen Kampfes der Unterdrückten auf die ganze Welt aus. In Ergänzung zu Badiou (auf dessen Frühwerk gestützt) lässt sich sagen, der Genosse ist kein treues Subjekt, sondern ein politisches Verhältnis, das dem gespaltenen Volk als Subjekt egalitär-emanzipatorischer Politik treu ist.[253] Dafür, dass sich uns die Revolutionäre als Subjekt in den Kämpfen der Unterdrückten zeigen, dass man sie als Subjekt findet, dafür müssen wir Genossen sein.

In *Ninotschka* kann Nina Iwanowa Jakuschowa durch den Augenschein allein nicht herausfinden, wer ihre Genossen sind. Die Partei hatte ihr erklärt, nach wem sie Ausschau halten soll, doch sie muss fragen. Nachdem Iranoff sich zu erkennen gegeben hat, sagt ihm Jakuschowa ihren Namen sowie Namen und Position des Parteigenossen, der ihre Reise angeordnet hat. Iranoff stellt Buljanoff und Kopalski vor; Jakuschowa spricht jeden als »Genosse« an. Aber es ist nicht die Anrede, die sie alle zu Genossen macht. Genossen sind sie, weil sie Mitglieder derselben Partei sind. Die Partei ist der organisierte Wahrheitskörper, der ihre Beziehung vermittelt. Diese Vermittlung verdeutlicht, was von Genossen erwartet wird – disziplinierte, treue Arbeit. Iranoff, Buljanoff und Kopalski haben die von Genossen erwartete Arbeit allerdings nicht geleistet, deshalb hat Moskau Jakuschowa zur Beaufsichtigung nach Paris geschickt. Kopalskis Erklärung, sie hätten sie als Frau gerne mit Blumen begrüßt, demonstriert deren *Verbürgerlichung*, ihre Regression als Genossen.

Eigentlich sind sie alle wegen der Arbeit da. Vergeschlechtlichte Identität und Hierarchie vermitteln aber kein Verhältnis zwischen Genossen. Das tun nur die Praktiken der Treue gegenüber einer politischen Wahrheit, die getane Arbeit für den Aufbau dieser Wahrheit in der Welt.

Die Solidarität der Genossen im politischen Kampf erwächst aus der Verflechtung von Wahrheit, Praxis und Partei. Sie ist nicht aus einem dieser Elemente allein ableitbar. Genossen sind nicht nur die Menschen, die an dieselbe Wahrheit glauben – etwa an die Idee des Kommunismus. Ihre Treue gegenüber einer bestimmten Wahrheit manifestiert sich in praktischer Arbeit. Die Arbeit zur Verwirklichung einer politischen Wahrheit versetzt die Menschen in ein Verhältnis der Genossenschaftlichkeit. Doch die Ausführung ähnlicher Aufgaben in Treue zur selben Wahrheit ist dafür nicht hinreichend. Die Arbeit muss gemeinschaftlich erfolgen: Niemand ist allein Genosse. Praktiken der Genossenschaftlichkeit sind koordiniert und organisiert. Die Partei ist die Organisation, die das Verhältnis der Genossen herstellt und gleichzeitig aus ihm entsteht. Sie konzentriert dieses Verhältnis, selbst wenn die Genossenschaftlichkeit über sie hinausweist.

So wie es vier Thesen zum Genossen gibt, zeichnet sich der Genosse durch vier Hauptmerkmale aus: Disziplin, Freude, Enthusiasmus und Mut. Wenn der Kommunismus das kollektive Begehren nach Kollektivität ist (siehe *Der kommunistische Horizont*), dann fungiert die Disziplin unter Genossen als dessen Gesetz und Sprache. Man denke an Versammlungen, Berichte, Arbeit, Demonstrationen, Kampagnen, »Einheit der Aktion«, Linientreue – die Disziplin bietet die Sprache, mit der eine bisher unausgegorene und individuelle Sehnsucht zum kollektiven Willen wird. Die Disziplin stellt ebenso das Hindernis dar, welches das Begehren aufrechterhält: Organisierung erfordert Planung und Aufschub. Der disziplinierte Genosse ist nicht dasselbe wie der Militante, der womöglich die heldenhafte und individualistische Propaganda durch die Tat verherrlicht und vollzieht. Wie wir schon bei Brecht gesehen haben, vermasselte die Ungeduld des jungen Genossen die gesamte Operation, und seine Genossen mussten ihn töten.

Genossenschaftlichkeit ist ein disziplinierendes Verhältnis: Erwartungen – und die Verantwortung, ihnen gerecht zu werden – lenken das individuelle Tun und erzeugen eine kollektive Handlungsfähigkeit. Genossen lernen, die unmittelbaren Eigeninteressen und den Wunsch nach persönlichem Komfort oder Aufstieg hintanzustellen: zugunsten der Partei, der Bewegung und des Kampfes. Disziplin ist eine zerstörerische und schöpferische Energie. Sie drängt dazu, persönliche Interessen zugunsten der Herstellung einer neuen Kraft hintanzustellen; einer Kraft, die stark genug ist, die langen Jahre revolutionären Kampfes zu überdauern und schließlich zu siegen. In den Worten eines der Genossen, den Gornick für *Der Zauber des amerikanischen Kommunismus* interviewte: »Wenn man mit anderen Leuten an einer politischen Unternehmung beteiligt ist, diese besondere Kameradschaft spürt, die Menschen in so einem Klima *werden* sieht, dann spürt man die Erneuerung der Welt.«[254]

Bekanntermaßen sprach Lenin oft über die Notwendigkeit von Disziplin in der revolutionären Partei – strenge Disziplin, proletarische Disziplin, eiserne Disziplin, sozialistische Disziplin, kameradschaftliche Disziplin und so weiter. Parteidisziplin bezog sich im Allgemeinen auf die Erwartungen hinsichtlich der Einheit der Aktion, der Freiheit der Diskussion und der Kritik.[255] Proletarische, sprich Arbeitsdisziplin sticht hier insofern heraus, als sie auf die neue Arbeitsorganisation im Sozialismus weist, auf die freiwillige Organisation klassenbewusster Arbeiter. Nicht mehr dem Willen der Bosse, den Kräften des Marktes oder der Tyrannei des Lohnsystems unterworfen, erzeugt »die bewußte und freiwillige Initiative der Arbeiter« neue Produktivitätssteigerungen und fortschrittlichere Produktionstechniken.[256] Die Arbeiterklasse demonstriert durch die proletarische Disziplin, wie überflüssig Kapitalisten und Gutsbesitzer sind. Wir brauchen sie nicht. Wir können – und werden – das selbst machen. Wichtig ist für jede Disziplin, dass sie aus freien Stücken akzeptiert wird. Für Lenin ist Disziplin an sich revolutionär, revolutionärer noch als der Sturz der Bourgeoisie: »ein Sieg über die eigene Trägheit, über die eigene Undiszipliniertheit, über den kleinbürgerlichen Egoismus, über diese Gewohnheiten, die der fluchbeladene Kapitalismus dem Arbeiter und Bauern als Erbe hinterlassen hat.«[257] Durch genossenhafte Disziplin stärken wir einander. Unsere Selbstverpflichtung zur Zusammenarbeit für unser gemeinsames Ziel wirkt auf uns zurück und befähigt uns, die vom Kapitalismus erzeugten individualistischen Eigenschaften zu überwinden und vielleicht sogar abzuschaffen. Wir können Fehler machen, dazulernen und uns verändern. Indem wir unsere eigenen Unzulänglichkeiten erkennen, begreifen wir schließlich die Notwendigkeit, mit den Mängeln anderer großzügig und verständnisvoll umzugehen. Wir beginnen, die Stärken und Talente zu schätzen, die wir zuvor nicht hatten sehen können. Wir werden zu einer neuartigen Kollektivität.

Man muss kein Bolschewik sein, um die Notwendigkeit revolutionärer Disziplin einzusehen. In *Mein Katalonien* erklärt Orwell: »›Revolutionäre‹ Disziplin ist vom politischen Bewußtsein abhängig – von dem Verständnis dafür, *warum* Befehle befolgt werden müssen«.[258] Das Erklären einer bestimmten Aufgabe führt zur gemeinsamen Einsicht in deren Bedeutung und ist eine der Möglichkeiten, Rangordnungen durch Gleichstellung zu ersetzen. Wenn wir auf derselben Seite stehen, wenn wir dieselben Ziele haben, müssen wir unsere Handlungen aufeinander abstimmen, um diese Ziele zu verwirklichen. Als Genossen übernehmen wir Aufgaben freiwillig; und wir üben uns in Disziplin, weil politisches Handeln eben dies erfordert.

Mit genossenhafter Disziplin geht Freude einher, das zweite Merkmal des Genossen. In einer Broschüre über die kommunistischen *subbotniks* – also die samstags freiwillig geleisteten Arbeitsstunden während des Bürgerkriegs – zitiert Lenin einen Artikel, der in der *Prawda* erschienen war und die begeisterte Freiwilligenarbeit an der Bahnstrecke Moskau–Kazan lobt:

> Als Arbeiter, Büroangestellte, Mitarbeiter der Direktion ohne Geschimpfe und Streitereien einen vierzig Pud [655 Kilogramm, Anm. d Übers.] schweren Radreifen für eine Personenzuglokomotive anpackten und wie arbeitsame Ameisen auf seinen Platz rollten, stieg im Herzen ein heißes Gefühl der

> Freude auf über die kollektive Arbeit, und der Glaube an die Unerschütterlichkeit des Sieges der Arbeiterklasse wurde noch fester. […]
> Nach Arbeitsschluß waren die Anwesenden Zeugen eines ungewöhnlichen Schauspiels: An die hundert Kommunisten, müde, aber mit freudeglänzenden Augen, begrüßten den Erfolg des Werkes mit den feierlichen Klängen der Internationale […].[259]

Die Freude der Disziplin wirkt nach innen und nach außen, sie wird von Genossen empfunden und von jenen Menschen erfahren, die beobachten, wie Disziplin die Welt verändert. Die Disziplin ermöglicht eine intensive Kollektivität, mit der Genossen das Unmögliche vollbringen können – die sie befreit von bisherigen Erwartungen und Zwängen. Die Freude geht einher mit einem Gefühl kollektiver Unbesiegbarkeit. *Gemeinsam haben wir es geschafft – und wir machten es für etwas Größeres als uns selbst.* Eine Parteizellenleiterin der CPUSA beschreibt die Kraft, die im Zusammenschluss der Menschen anwächst:

> Diese Anspannung, wenn man sieht, wie sich eins durchs andere entfaltet, der Gedanke durch die Struktur, die Struktur durch die Tat. Und das alles diszipliniert, mit je eigenen Stärken und Rollen und, im Zusammenspiel, mit der großen Richtung, die nur ein diszipliniertes Leben weisen kann.[260]

Die Freude an der Genossenschaftlichkeit zeugt von der Freiheit, die die Disziplin ermöglicht.

Genossen verrichten ihre Arbeit mit Enthusiasmus – das dritte Merkmal eines Genossen. Man rühmt den Elan, mit dem sie ihre Aufgaben angehen. So schildert Raphael Samuel seine Jahre in der Kommunistischen Partei Großbritanniens:

> Die Partei wimmelte nur so von Menschen, zu denen man aufsehen konnte, die zu treffen eine Ehre war, weil sie ihr ganzes Leben der Sache gewidmet hatten; Menschen mit

> ungebrochenem Geiste, »die nichts erschüttern konnte«: Genossen, die durch ihren Elan und Enthusiasmus anderen ein Vorbild waren.[261]

In *Was tun?* lobt Lenin wiederholt den Elan der deutschen Sozialdemokraten, kritisiert seine ökonomistischen Genossen für deren mangelnden Elan und fordert seine Partei zur Steigerung ihres Elans auf.[262] Bei seinem Treffen mit Clara Zetkin sprach Lenin in den höchsten Tönen von dem Elan und Enthusiasmus der Parteigenossinnen, und er fügte hinzu: »Ich kann mich im Augenblick nicht darauf besinnen, wer gesagt hat: ›Um große Dinge zu vollbringen, muß man begeistert sein.‹«[263] Von Genossen erwartet man Enthusiasmus und Elan, denn es ist dieser Überschuss des Kollektiven, der sie befähigt, mehr zu leisten und gar zu siegen. Genossen unterscheiden sich von politisch motivierten, hart arbeitenden Einzelpersonen durch ihren Elan, der aus der kollektiven Arbeit erwächst. Mit vereinten Kräften schaffen sie mehr, als sie einzeln vermocht hätten. Enthusiasmus ist der Überschuss, den die kollektive Disziplin erzeugt.

Das vierte Merkmal des Genossen ist der Mut. Wir sahen zu Beginn dieses Kapitels (in der Passage über Gorkis Kurzgeschichte »Genosse«), dass die Anrede »Genosse« den Menschen Mut einflößt – so werden sie stark genug, die Ketten der Knechtschaft zu sprengen, der Enge des Elends zu entkommen und sich gegen Unterdrückung zu erheben. Liú Shàoqí, ein Führer der chinesischen Kommunistischen Partei, beschreibt den revolutionären Mut des Kommunisten als die Wirkung genossenhafter Disziplin:

> Da er sich nicht von selbstsüchtigen Beweggründen leiten läßt, hat er nichts zu fürchten. Da er nichts getan hat, was ihm Gewissensbisse verursachen könnte, kann er seine eigenen Fehler und Mängel aufdecken und mutig korrigieren [...] Da er sich im Recht weiß und ohne Furcht ist, hat er keine Angst vor der Wahrheit, hält mutig an ihr fest, verbreitet sie und kämpft für sie.[264]

Der Mut des Genossen ist keine individuelle Tugend. Er ist eine Folge der Disziplin: die Stärke, die aus der Selbstverleugnung im Dienste des gemeinsamen Kampfes entsteht. Er umfasst auch die Fähigkeit zur Selbstkritik, die Fähigkeit, zuzugeben, dass man falsch liegt oder etwas nicht weiß – und dann etwaige Fehler durch weiteres Studium und Arbeiten zu korrigieren. Mut war für die Bolschewiki verbunden mit Standhaftigkeit, Unerschütterlichkeit, Hartnäckigkeit und Entschlossenheit; mit der Fähigkeit, unter widrigsten Umständen durchzuhalten und sich zu behaupten. Kollontais Hymne auf die großartigen Kämpferinnen der Oktoberrevolution bietet dafür einige Beispiele. So lobt sie Lenins Frau: »In Augenblicken größter Schwierigkeit und höchster Gefahr, als viele stärkere Genossen der Mut verließ und der Zweifel beschlich, blieb Nadeschda Konstantinowna [Krupskaja] immer dieselbe: vollkommen überzeugt von der Richtigkeit der Sache und von ihrem sicheren Sieg.«[265] Über eine andere Genossin schreibt Kollontai: »Gigantische Arbeit leistete Warwara Nikolajewna Jakowlewa während der schweren und entscheidenden Tage der Oktoberrevolution in Moskau [...] Viele Genossen sagten denn, ihre Entschiedenheit und unerschütterliche Courage hätten den Schwankenden und den Verzweifelten Mut gemacht«.[266]

Diese vier Merkmale des Genossen – Disziplin, Freude, Enthusiasmus und Mut – kennzeichnen die praktische Treue des Genossen; mit der er auf die egalitäre Entladung der Masse reagiert und daran arbeitet, diesen Augenblick als Bewegung des revolutionären Volkes zu realisieren und auszudehnen. In kritischer Auseinandersetzung mit Badiou hat Žižek »eine neue – dritte – Folge der ›vier Grundbegriffe der emanzipatorischen Politik‹ vor[ge]schlagen: Angst, Mut, Schrecken und Enthusiasmus.«[267] Dieser Vorschlag ist eine Entgegnung sowohl auf Badious frühere Behandlung des Subjekt-Effekts als ein Knoten der vier Begriffe Angst, Mut, Gerechtigkeit und Über-Ich als auch auf Badious spätere Ablösung des Über-Ich durch den Schrecken.[268] Für eine Theorie des Genossen ist keine dieser Tetraden hinreichend. Der Genosse ist kein Subjekt; er ist wie gesagt eine Chiffre politischer Zugehörigkeit, eine Anrede und ein Erwartungsgefüge. In letzterem Sinne fungiert er als Ich-Ideal und als Ideal-Ich. Ich habe mich hier auf seine Rolle als Ideal-Ich konzentriert. Sofern die Partei eine organisierte Reaktion auf ein Ereignis ist, dem das gespaltene Volk rückwirkend als Subjekt zugeordnet wird, ist der Genosse ein Effekt, ein relationaler Effekt, der Effekt eines Wahrheits-Ereignisses auf das Verhältnis der Menschen zueinander, zu Dingen und zur Welt.

In meinem Buch *Die Massen und die Partei* stelle ich die Partei als eine Form dar, durch die Badious Subjekt-Effekte mit Elias Canettis Masse-Elementen (Wachstum, Richtung, Gleichheit, Dichte) verflochten sind.[269] Die Partei sieht das Volk in der Masse, gibt der Masse eine politische und historische Richtung und verleiht so deren egalitärem Moment Dauer. Dafür konzentriert die Partei die Subjekt-Effekte Angst, Mut, Gerechtigkeit und Über-Ich auf einen Übertragungsort, von dem diese auf das Kollektiv zurückwirken können. Übertragung meint hier einen Formeffekt des Kollektiven: nicht das Eingreifen einer Einzelperson als Anführer, sondern die Rückwirkung der Seite oder Partei auf die Mitglieder.[270] Die vier Grundbegriffe der Partei sind (in Anlehnung an Žižek) Konzentration, Ausdauer, Treue und Übertragung. Auf die Parteimitglieder, den Organisationskader und die Genossen angewandt, ergibt dieses begriffliche Viergespann die Merkmale des Genossen: Disziplin, Freude, Enthusiasmus und Mut. Als Chiffre politischer Zugehörigkeit umfasst der Genosse (wie ein Gewölbe oder Zimmer) die Effekte der Partei, der Parteilichkeit; er lenkt diese Effekte zurück auf die Menschen, die eine gemeinsame politische Zielrichtung verfolgen.

Worin besteht dann das Problem mit den vier Žižek'schen Grundbegriffen der emanzipatorischen Politik: Angst, Mut, Schrecken und Enthusiasmus? Die kurze Antwort lautet, diese Politik hat keinen Körper. Die vier Begriffe bilden eine körperlose Reaktion, der folglich die Fähigkeit zur Treue und Ausdauer fehlt. Ihr fehlt das Relationale. Ihr fehlt ein Instrument zur Bündelung der Kräfte beziehungsweise zur Erweiterung der Effekte. Žižeks vier Begriffe verbleiben im Spontanen und sind eine reine Beschreibung des revolutionären Klimas und der emotionalen Reaktionen, die selbstnachweislich im Volk ihre Ursache zeigen. Ihnen fehlt die politische Gestalt.

Die Problematik der Körperlosigkeit der Žižek'schen Begriffe emanzipatorischer Politik zeigt sich im »Schrecken«. Verstanden als Urerfahrung der Verwerfung in oder Auseinandersetzung mit der ontologischen Leere ist der Begriff des Schreckens philosophisch nützlich. Für Aktivisten, Organisatoren und Staatstheoretiker aber erscheint die Anrufung des Schreckens als Provokation um der Provokation willen, als eine Art uneigentlicher Fantasie, die Žižek selbst so oft anprangert. Der Schrecken fungiert als Platzhalter für die geplante und organisierte politische Arbeit (die den Schrecken, den Terror als Taktik vielleicht einschließt, ihn aber nicht zur Grundlage erhebt).

In *Theorie des Subjekts* zählt Badiou das Über-Ich zu den vier Effekten des Subjekts. Doch auch hier verbindet er das Über-Ich mit dem Schrecken. In seiner Ausführung zum Verhältnis zwischen Angst, Über-Ich, Mut und Gerechtigkeit fasst Badiou die Angst als »Benennung des ›Machtvakuums‹«, der paralysierten Ordnung, der Stunde der »stummen und selbstmörderischen Unruhen«.[271] Weil sie diese Situation paralysierter Ordnung unmöglich tolerieren könne, fordere die Angst deren Lösung – oder anders gesagt: Angst ist das überschießende, reflexive Moment der Leere, die unfähig ist, sich selbst auszuhalten. Die Angst appelliere an das Über-Ich, die Ordnung durch die reißende Ausdehnung des Gesetzes wiederherzustellen. Das Gesetz werde allgegenwärtig und terroristisch, überall verbreite es das exzessive Element der Angst. Seine innere Wahrheit als »Nicht-Gesetz« werde »freigesetzt«.[272]

Badious Erklärung des Über-Ich als terrorisierende Rechtsdurchsetzung verkennt ein weiteres »Nicht-Gesetz«, das vom Subjekt verursacht wird und mit ihm reagiert: die Disziplin der revolutionären Partei. Dabei ist die Disziplin eine notwendige Voraussetzung seiner Argumentation. Badiou führt aus, das dualistische Moment der Subjektivierung und des subjektiven Prozesses verursache Zerstörung und Neuzusammensetzung, eine Neuordnung im Lichte des Neuen. Eine *politische* Reaktion auf das Eingreifen eines Subjekts fungiert als ambitionierte Leitung im Sinne des Lenkens, öfter aber im Sinne des Hinweisens. Die Reaktion schreibt dem Subjekt, das sie ausgelöst hat, eine rückwirkende Konsistenz zu. Die kommunistische Partei ist der Träger oder Körper der politischen Reaktion, die dem gespaltenen Volk als ihrem Subjekt treu bleibt. Wie Badiou schreibt: »Dafür aber, dass es ein Subjekt gibt, dass man ein Subjekt *findet*, dafür bedarf es einer körperlichen Stütze.«[273] Der Körper, der das Subjekt auffindbar macht, bietet eine politische Form des Nicht-Gesetzes, die der Angst einen anderen Pfad eröffnet (den Pfad der Neuzusammensetzung im Lichte des Neuen) und dem egalitär-emanzipatorischen Moment des Bruches treu ist. In der Partei nimmt die Disziplin den Platz von Recht und Gesetz ein; sie durchbricht die Trennung zwischen Recht und Verbrechen mit den Erwartungen, die Genossen aneinander stellen. Die Disziplin macht die Partei zur organisierten Kraft und verleiht ihr die Fähigkeit, das Gesetz zu übertreten und den Umständen entsprechend entweder gesetzestreu oder illegal zu agieren.

Nehmen wir das tragische Beispiel des Kronstädter Aufstands von 1921. Unter anarchistischer Führung forderten die Matrosen der Roten Flotte in der Festungsgarnison eine dritte Revolution, »die die Bolschewiki stürzen und eine Sowjetdemokratie errichten sollte.«[274] Auch einige Kommunisten schlossen sich diesem Aufstand an. Nachdem die bolschewistischen Streitkräfte die Revolte in einer der grausamsten Schlachten des gesamten Bürgerkriegs niedergeschlagen hatten, rechtfertigte Trotzki den Angriff der Bolschewiki mit den Worten, sie hätten möglichst lange gewartet, weil »unsere verblendeten Flottekameraden mit eigenen Augen sehen sollten, wohin die Meuterei führte.«[275] Isaac Deutscher bemerkte: Trotzkis »Bezeichnung ›Kameraden‹ für die geschlagenen Rebellen, war ein ungewollter Hinweis darauf, daß er moralisch gesehen einen Pyrrhussieg feierte.«[276] Dem mag so sein. Die Bezeichnung verweist aber auch auf eine wilde Disziplin, deren Verletzung eine besondere Raserei auslöst, die von der Wut über den Verrat, das Im-Stich-Lassen und die Abtrünnigkeit getrieben ist. Dass die Aufständischen Genossen gewesen waren, rechtfertigte die Grausamkeit der Schlacht.

Auf die überichliche Dimension der Disziplin ist auch die Grimmigkeit zurückzuführen, mit der sich die Partei gegen sich selbst wandte: Ihre Angriffe auf sich selbst übersteigen und begrenzen im Allgemeinen ihre Angriffe auf das Volk. Die Kanalisierung des Über-Ich durch die Disziplin erzeugt zugleich deren schöpferische Intensität, mit der die Partei die Genossen nötigt, sich selbst und einander zur Vollbringung – zur enthusiastischen Vollbringung – des Unmöglichen anzustacheln. Der Disziplin ist also die Negativität eigen, die für Žižeks generellen Ansatz so wichtig ist. Fehlt die Disziplin der Genossen, ist die Partei ein Nichts und des Vorantreibens eines politischen Projekts völlig unfähig. Wie Badiou übernimmt allerdings auch Žižek die Ersetzung des Über-Ich durch den Schrecken: Das Nicht-Gesetz breitet sich körperlos aus über die Disziplin, die zum Eingreifen in einer revolutionären Situation erforderlich ist.

In der Psychoanalyse zeigt sich das Begehren mitunter als Wille zur Überschreitung. Das Gesetz nährt das Begehren, indem es eine Grenze setzt, und das Begehren besteht, solange die Grenze unerreicht bleibt. Die Disziplin des Genossen wandelt die Überschreitung in den Exzess um, die Grenze zu übertreten, sie hinter sich zu lassen und mehr zu tun. Die Übererfüllung der sowjetischen Fünfjahrpläne bietet dafür ein berühmtes Beispiel. Als weiteres Beispiel mag die Bereitwilligkeit gelten, mit der Genossen sich selbst vorwerfen, nicht genug zu tun. Einerseits bildet die Disziplin der Erwartungen und Pläne, die Disziplin des Programms eine Schranke – einen Raum zum Luftholen oder Ausruhen von dem selbstauferlegten Druck, noch mehr zu tun. Allerdings sind wir in der kapitalistischen Gesellschaft permanent angehalten, unsere einmalige Urteilskraft, unsere individuelle Meinung, unsere persönliche Wahl zu vertreten, pausenlos müssen wir differenzieren und hierarchisieren. Da ist Disziplin eine Herausforderung. Andererseits kann durch das kollektive Begehren nach Kollektivität – das uns angesichts der Dringlichkeit des Kampfes um Gerechtigkeit und angesichts der realen Feinde und Konterrevolutionäre drängt, alle Grenzen zu übertreten – die Disziplin als überaus bedrückend wahrgenommen werden. *Wir müssen mehr tun! Wachsamer sein, präziser!* Disziplinarische Maßnahmen wie Ausschlüsse werden dann überschießend, überichlich. Die Genossen selbst werden sich die ärgsten Feinde. Die Disziplin, die sie erst stärkte und handlungsfähig machte, zerstört ihr eigenes Werk.

Da sie eine ständige Eigenunterordnung, Verleugnung und Opferbereitschaft erfordert, übernimmt die Disziplin alle Exzesse des Über-Ich und lässt sich auf sie ein: Genossen können nie genug tun – und die Adressaten dieser Forderung nach Mehr sind sie selbst. Disziplin hat also den konzeptionellen Vorteil, jene radikale Vernarrtheit in den Schrecken, den eine emanzipatorische Politik anderen Leuten mitunter einflößt, über Bord zu werfen und diese Vernarrtheit durch jene Opferbereitschaft zu ersetzen, die eine emanzipatorische Politik jenen Menschen abverlangt, die sie ernsthaft betreiben.

Den Enthusiasmus zu betonen, wie Žižek es tut, ist richtig – aber als logische Konsequenz nicht des Schreckens, sondern des Mutes. Folgt man Žižek, »kann Enthusiasmus nur vor dem Hintergrund des Schreckens, als dessen immanente Kehrseite entstehen«, als Reimpaar sozusagen.[277] Dabei bezieht er sich auf Kant, »für den der Schrecken angesichts unserer vollständigen Ohnmacht gegenüber der entfesselten Gewalt irgendeiner natürlichen Macht in Enthusiasmus umschlägt, sobald uns klar wird, dass selbst die mächtigsten Naturgewalten nichts gegen unsere Autonomie als freie, moralisch handelnde Wesen ausrichten können.«[278] Žižek betont, der Schrecken garantiere die Authentizität des Enthusiasmus. Garantien gibt es in der Politik freilich nie. Unterscheiden lässt sich zwischen echtem und falschem Enthusiasmus nur durch die Effekte, Ergebnisse und Arbeitsresultate: Beflügelte der Enthusiasmus die Arbeit des Kollektivs? Stärkte er die Entschlossenheit? Machte er die Genossen mutiger, als sie es sonst gewesen wären? Žižeks Sichtweise geht allzu leicht über in eine Begeisterung für den Terror. Dagegen eröffnet sich dem Genossen eine disziplinierte und freudvolle Politik, wenn der Enthusiasmus Mut erzeugt – den Mut, sich den Umständen anzupassen, auf entscheidende Momente zu reagieren, sich auf eine Position der Stärke zurückzuziehen, sich auf Zufälle vorzubereiten und anzuerkennen, dass wir vom Volk lernen, welche die richtigen Taktiken sind.

★ ★ ★

»Genosse« ist mehr als eine Anrede. Als Chiffre politischer Zugehörigkeit ist das Wort ein Träger von Handlungserwartungen – der Erwartungen, die mit Badiou als die »*Disziplin des Ereignisses*« zu verstehen sind.[279] Obamas Spitze gegen Sanders, die ich im ersten Kapitel wiedergebe, formuliert so eine Erwartung: Man distanziert sich nicht von den eigenen Genossen. Auch Kollontai bekräftigt die Tatsache, dass Genossenschaftlichkeit mehr bedeutet als nur eine gemeinsame politische Überzeugung; sie hat praktische Auswirkungen und Effekte auf unser Tun und Handeln. Solidarität ist die oberste Genossentugend; Treue zeigt sich im verlässlichen, steten, praktischen Handeln. Unterschiede zwischen Parteien hängen oft davon ab, was Genossen voneinander erwarten können, was es jeweils heißt, »Genosse« zu sein. Allgemein gesagt: Von Genossen in den meisten revolutionären sozialistisch-kommunistischen Parteien wird erwartet, an den Kämpfen der Unterdrückten teilzunehmen, auf die Revolution hinzuwirken und eine gewisse Einheit der Aktion zu wahren. Ohne diese Solidaritätserwartungen wäre »Genosse« als Anredeform ein leerer Signifikant. Das Lautbild stünde dann nicht mehr für das von der Wahrheit des Kommunismus vermittelte politische Verhältnis, sondern wäre nur noch eine ironische oder nostalgische Geste in Richtung einer verflossenen utopischen Hoffnung.

Ich habe vier Thesen formuliert, um zu veranschaulichen, inwiefern die Chiffre des Genossen ein Vektor für die Politik derjenigen sein kann, die sich in einem egalitär-emanzipatorischen Kampf engagieren:

1. »Genosse« benennt ein Verhältnis, das sich auszeichnet durch Gleichheit, Gleichstellung und Solidarität. Für Kommunisten sind diese Gleichheit, Gleichstellung und Solidarität utopisch, denn sie durchbrechen die Bedingungen der kapitalistischen Gesellschaft.
2. Jeder kann, aber nicht alle können Genosse sein.
3. Das Individuum (als Sitz der Identität) ist der »Andere« des Genossen.
4. Die Beziehung zwischen Genossen ist vermittelt durch die Treue zu einer Wahrheit. Praktiken der Genossenschaftlichkeit

materialisieren diese Treue und verankern die Wahrheit in der Welt.

Die ersten beiden Thesen drücken die disruptive Negativität von »Genosse« aus. Wir können uns diese Durchschlagskraft als jenen Ruf vorstellen, der den Adressaten als einen unter vielen anspricht, als einen, der auf unserer Seite steht (der weder vereinzelt noch über- oder untergeordnet ist). In den stenografischen Berichten von Kongressen und Versammlungen der Kommunistischen Partei sieht man, wie die Anwesenden ihre Meinungsverschiedenheiten äußerst heftig austragen und doch bekräftigen, dass sich diese Verschiedenheiten im Kreise derer zeigen, die eine gemeinsame Politik verfolgen. Unablässig sprechen sie sich als »Genosse« an. Manchmal findet dieser Ruf ein überraschendes Echo. Nehmen wir das Beispiel der turbulenten dreiwöchigen Zusammenkunft des ersten Allrussischen Sowjetkongresses in Petrograd im Juni 1917: Die Gräben zwischen den Parteien – den Kadetten, den Sozialrevolutionären, den Menschewiki und den Bolschewiki – vertiefen sich. Trotzki beginnt eine Wortmeldung mit »Genossen!« und wird durch Zwischenrufe unterbrochen: »›Welcher Art Genossen sind wir für Sie?‹ und ›Hören Sie auf, uns Genossen zu nennen.‹ Er hört auf und rückt näher an die Bolschewiki heran.«[280] Hier zeigt die disruptive Negativität von »Genosse« das Ende der einen und die Festigung einer anderen Beziehung an. Die Fronten klären sich. Die Menschen wissen, an wessen Seite sie stehen und wer an ihrer Seite steht. Jedenfalls verweisen die ersten beiden Thesen darauf, dass »Genosse« eine naive ideologische Vorstellungswelt zurückweist, zugunsten einer parteiischen Subjektivierung.

Die letzten beiden Thesen verkörpern die Rückwirkung des Standpunkts auf die Menschen, die auf derselben Seite stehen, womit diese Positionierung eine Beziehung zwischen Genossen herstellt und die Erwartungen strukturiert, die Genossen aneinander stellen.[281] In ihrem gemeinsamen Wirken für Gerechtigkeit legen Genossen die individuelle Identität ab. Das kollektive Begehren tritt an die Stelle der Fiktion, Begehren könne individuell sein. Damit ist natürlich nicht gesagt, Genossen seien blind dafür, dass zugeschriebene Identitäten als Instrumente zur Benachteiligung und Diskriminierung dienen, wie ich in Kapitel zwei ausgeführt habe. Allerdings ist Genossenschaftlichkeit ein politisches Verhältnis, das von diesen Identitäten weder bestimmt noch auf diese beschränkt ist. Es erzeugt neue Werte, Dynamiken und Möglichkeiten. Die Entfremdung von den tyrannischen Bestimmungen des Kapitalismus ist Anstoß für die Selbstbestimmung im kollektiven Wirken für einen gemeinsamen Zweck. Zusammengenommen bilden die vier Thesen ein generisches politisches Gefüge, das aktiviert wird durch die polarisierende Treue zu dem egalitär-emanzipatorischen Kampf für den Kommunismus. Ein Genosse ist einer von Vielen, die auf derselben Seite kämpfen.

Im Schlusskapitel wende ich mich dem Ende der Genossenschaftlichkeit zu. Was ist, wenn du nicht mein Genosse bist?

4. MEIN GENOSSE BIST DU NICHT

Da das Wort »Genosse« der politischen Beziehung zwischen Menschen auf derselben Seite Gestalt verleiht, verspricht »Genosse« zugleich Entfremdung und Erfüllung: die Befreiung von den Zwängen des rassistisch-patriarchalen Kapitalismus und ein neues Verhältnis, das aus der kollektiven politischen Arbeit für eine egalitär-emanzipatorische Zukunft entsteht. »Genosse« übersteigt ein Politikverständnis im Sinne individueller Überzeugung oder Entscheidung und verweist auf Erwartungen solidarischen Verhaltens, die für politisches Handeln unerlässlich sind: Wir gehen zu Versammlungen, die wir sonst nicht besuchen würden, wir leisten politische Arbeit, die wir vielleicht lieber mieden, und wir versuchen ein Leben zu führen, das unserer wechselseitigen Verantwortung gerecht wird. Wir erleben die Freude eines aufrichtigen Kampfes und praktischen Lernens. Wir überwinden Ängste, die uns überwältigen würden, wenn wir uns ihnen allein stellen müssten. Meine Genossen machen mich besser und stärker, als ich es allein je hätte sein können.

Man bedenke nur, wie komisch sich die Selbstbezeichnung Genosse anhört: »Ich bin ein Genosse.« Ganz im Unterschied zu »Ich bin ein Unterstützer« würde man das nie sagen. Genosse verweist unmittelbar auf einen Anderen, einen Anderen als mich, der aber mit mir zusammen einen gemeinsamen Kampf führt. Das Wort erzwingt die Erkenntnis politischer Zugehörigkeit: »Ich habe einen Genossen.« Da gibt es jemanden, der die Fliegen von meinem Rücken verscheucht. Der Genosse ist die Nullstufe des Kommunismus, weil er das Verhältnis zu uns selbst, zu einander und zur Welt verändert. Damit markiert er ein politisches Verhältnis jenseits des binären Freund-Feind-Schemas und lenkt die Aufmerksamkeit darauf, dass die Parteilichkeit Auswirkungen auf die Menschen einer Seite hat, dass ihr gemeinsames Engagement auf sie zurückwirkt, neue Fähigkeiten und Effekte erzeugt, und dass die Teile einer Partei sehr viel mehr sind als ihre bloße Summe.

Einige Linke betrachten eine solche politische Zugehörigkeit mit Skepsis. Da sie Disziplin nur als Zwang begreifen und nicht als Entscheidung zum Aufbau kollektiver Handlungsfähigkeit, verwechseln sie die Fantasievorstellung individueller Politik mit der Wirklichkeit politischer Auseinandersetzung und Bewegung. Diese Verkehrung ignoriert den Fakt, dass Genossenschaftlichkeit eine Entscheidung ist – sowohl für den Menschen, der sich anschließt, als auch für die Partei, der man sich anschließt, wie ich weiter unten ausführe. Sie verkennt auch das befreiende Element der Disziplin: Wenn wir Genossen haben, sind wir der Verpflichtung ledig, alles selbst zu wissen und zu tun – es gibt das größere Kollektiv mit einer Linie, einem Programm und einer Reihe von Aufgaben und Zielen. Befreit sind wir auch von unserem Drang (vorgegeben vom kommunikativen Kapitalismus), im Überschwang des Augenblicks alles zu kritisieren und zu kommentieren. Und dank des praktischen Optimismus, den treue Arbeit hervorbringt, sind wir auch frei von jenem Zynismus, der sich gern als Reife präsentiert. Disziplin bietet die Grundlage, auf der wir frei sind, Fehler zu machen, zu lernen und zu wachsen. Wenn wir uns irren – und jeder irrt sich früher oder später –, sind unsere Genossen da und halten uns, klopfen uns den Staub ab und richten uns wieder auf. Wir stehen nicht allein auf weiter Flur.

Unorganisierte Linke sind allzu oft der Illusion verhaftet, »die Leute« würden spontan jene neuen Formen des Zusammenlebens schaffen, die in eine herrliche Zukunft führen. Diese Illusion lässt die Verluste und Verlerneffekte außer Acht, die vierzig Jahre Neoliberalismus nach sich gezogen haben. Wenn es wahr wäre, dass die Sparpolitik und die Überschuldung, die Zerrüttung institutioneller Infrastruktur und die Kapitalflucht spontan egalitäre Lebenskonzepte hervorbringen würden, dann stünden wir nicht vor Problemen, die mittlerweile alltäglich sind: gigantische ökonomische Ungleichheit, zunehmende rassifizierte Gewalt, rückläufige Lebenserwartung, schleichende Lebensgefahr, ungenießbares Wasser, verseuchte Böden, militarisierte Ordnungs- und

Kontrollorgane, zerrüttete Nachbarschaften in den Städten und Vorstädten. Die Erschöpfung natürlicher Ressourcen ist auch eine Erschöpfung menschlicher Ressourcen. Oft wollen Menschen etwas dagegen tun, aber sie wissen nicht, was oder wie sie es tun sollen. Bisweilen sind sie in gewerkschaftlich unorganisierten Betrieben isoliert, mit verschiedenen Teilzeitjobs überlastet, dünnhäutig wegen der Sorgearbeit für Freunde und Familie. Eine disziplinierte Organisation – die Disziplin von Genossen, die sich dem gemeinsamen Kampf für eine egalitär-emanzipatorische Zukunft verschrieben haben – kann hier hilfreich sein. Manchmal wollen und brauchen wir jemanden, der uns sagt, was zu tun ist; weil wir einfach zu erschöpft und überbeansprucht sind, um das allein herauszufinden. Wenn man uns als Genossen eine Aufgabe überträgt, können wir glauben, unser geringer Beitrag habe einen größeren Sinn und Zweck, könne in dem ewigen Kampf des Volkes gegen die Unterdrückung gar von welthistorischer Bedeutung sein. Das Wissen um die Genossen, die unsere Überzeugungen ebenso teilen wie unsere Freuden und unsere Lehren aus den Niederlagen, ermöglicht politische Arbeit selbst dort, wo sie vorher unmöglich war.

Einige Linke stimmen dem bisher Gesagten vermutlich vollkommen zu, können sich einige »aber« jedoch nicht verkneifen: Aber werden wir letztlich nicht enttäuscht und verraten? Aber wird am Ende nicht doch alles scheitern (wie bisher schon so oft)? Aber was ist mit den Wunden, die sich Genossen im Namen der Genossenschaftlichkeit zugefügt haben? Aber was ist mit dem Fortbestand von Sexismus und Rassismus, Vorurteilen und Voreingenommenheit? Aber was passiert, wenn wir nicht mehr auf derselben Seite stehen, wenn wir »Wir« nicht länger sagen und keine Seite wählen können? Diese Fragen rufen Überlegungen zum Ende der Genossenschaftlichkeit auf. Einen Gedanken allein wegen einer Menge möglicher Fehlentwicklungen in der Zukunft abzulehnen ist offen gesagt eine in der Linken weit verbreitete, gefährliche Regung. Der fehlende politische Wille verbirgt sich hinter einem intellektuellen Anstrich, der in keinem anderen Zusammenhang überzeugen würde: Mit diesem Menschen solltest du keinen Kaffee trinken, du könntest dich verlieben und später eine teure und hasserfüllte Scheidung durchmachen. Melde dich auf der Versammlung nicht zu Wort, du könntest den Faden verlieren und bescheuert dastehen. Fang nicht mit Sport an, du könntest dich verletzen und wirst ohnehin nie zu den Besten gehören. Fang gar nicht erst an zu leben, denn du stirbst ja sowieso. Der sorgenvolle Blick auf das Ende verstellt die Möglichkeiten des Anfangs. Es stimmt, Beziehungen dauern nicht ewig. Fehler passieren. Aber Fehler braucht man nicht zu fürchten – man kann aus ihnen lernen, sie sind ein Schritt nach vorn. In diesem Kapitel wollen wir Lehren ziehen aus dem Ende der Genossenschaftlichkeit. Wir betrachten vier Arten der Beendigung: Ausschluss, Austritt, Abkehr und das Ende der Welt. Diese vier Formen lassen sich nicht immer unterscheiden. Bisweilen gehen sie ineinander über. Sie zeigen aber, dass der Verlust von Genossen verschiedene Ursachen und Effekte, Ergebnisse und Folgen hat. Sie mahnen uns, dass die Tatsache der Endlichkeit dem Anfang nicht vorgreifen sollte.

Der Ausschluss

Spätestens seit den Moskauer Prozessen in den 1930er-Jahren verspotten Liberale und Sozialisten die kommunistischen Parteien, weil sie Mitglieder auch ausschließen. Der Ausschluss gilt als Zeichen für Dogmatismus und Intoleranz, für das Scheitern demokratischer Integration. Natürlich ist derartiger Spott insofern widersprüchlich, als heute einige Liberale und Sozialisten die damaligen kommunistischen Parteien gleichzeitig wegen Sexismus und Rassismus kritisieren (als hätte es daran nicht schon längst interne Kritik gegeben). Widersprüchlich ist das auch vor dem Hintergrund, dass der Ausschluss für Kommunisten ein Weg war, Probleme zu lösen und Veränderungen durchzusetzen. Aus kommunistischer Perspektive ist der Ausschluss eine Frage der Disziplin: Ein Genosse, bei dem man sich nicht darauf verlassen kann, dass er mit uns für die gemeinsame Zukunft kämpft, der stattdessen eigene Wege geht, muss unter Umständen ausgeschlossen werden. Wir können dann nicht mehr davon ausgehen, auf derselben Seite zu stehen, weil er offenbar nicht für die Ziele arbeitet, die wir alle teilen. In diesem Sinne verweist Isaac Deutscher auf den XI. Parteitag der KPdSU: »Es sei unzulässig, hatte Trotzki damals [1922] gesagt, daß Parteimitglieder per ›wir‹ und ›sie‹ sprechen, denn in diesem Fall würden sie sich, was auch immer ihre Absichten sein mögen, gegen die Partei stellen«.[282] Infolgedessen würde unsere Seite brüchig werden, und die Haltung, dass man von jedem das Gleiche erwarten kann, würde dem Bewusstsein weichen, dass Fraktionen sich entlang eigener Erwartungen organisieren.

Die berüchtigtsten Ausschlüsse trafen die Bolschewiki selbst, als die Kommunistische Partei der Sowjetunion (KPdSU) ihre besten Führungskräfte zerfleischte und ausspie – Trotzki, Bucharin, Sinowjew, Kamenew und viele andere. Diese Ausschlüsse fielen nicht aus heiterem Himmel. Schon 1921 hatte die Partei 200.000 ihrer Mitglieder »ausgestoßen«.[283] Doch war, wie Deutscher schildert, die Verflechtung der fortbestehenden genossenhaften Erwartungen mit den Fraktions- und Machtkämpfen (die zu den Ausschlüssen führten) unsäglich tragisch. In ihren Beratungen über einen Antrag zum Ausschluss Trotzkis beispielsweise wurden im Zentralkomitee und der Zentralen Kontrollkommission Einwände laut:

> Sie [Stalins Anhänger und Verbündete] waren noch immer an die Reste alter Loyalitäten gebunden, sie dachten noch immer an ihre Gegner als an ihre Genossen, sie zerbrachen sich noch immer den Kopf über Feinheiten der Parteistatuten und waren darauf bedacht, den Schein bolschewistischer Wohlanständigkeit zu wahren. Deshalb versuchten sie nochmals, mit der Opposition ins Reine zu kommen.[284]

Genossen geben einander eine Chance. Vor ihrem Ausschluss nahmen die meisten der betroffenen Bolschewiki einen Standpunkt der Genossenschaftlichkeit ein; einen Standpunkt, den selbst die Befürworter ihres Ausschlusses teilten. So schreibt Deutscher: »viele Stalinisten und Bucharinisten [fühlten sich] bei dem Gedanken unbehaglich, die Verfolger und Kerkermeister ihrer eigenen Genossen und Waffengefährten zu werden.«[285] Darüber kamen sie hinweg.

Deutscher schildert die Szenerie, wie Trotzki in den Zug gezerrt wurde, der ihn aus Moskau fortbringen sollte. Einer von Trotzkis Söhnen »schrie den Eisenbahnarbeitern zu: ›Genossen, seht, wie man den Genossen Trotzki wegträgt.‹ Die Arbeiter blieben völlig unbewegt.«[286]

Vielleicht aufschlussreicher, weil weniger bekannt und damit weniger zugänglich für einfache Erklärungen und für eine wohlfeile Deutung als Symptom für irgendeine unabänderliche innere Fehlkonstruktion, ist ein Ausschluss, zu dem es 1931 in der Kommunistischen Partei der Vereinigten Staaten kam. Ich beleuchte dieses Beispiel, nicht weil es dem Ausschluss Trotzkis gleichen würde, sondern weil es das gerade nicht tut. Damit vermittelt es uns eine Ahnung davon, warum ein Ausschluss nützlich und notwendig sein kann für den Genossen, die Partei und das Volk: 1931 organisierte die CPUSA einen aufwändigen Prozess in Harlem. Angeklagt war ein finnischer Arbeiter namens August Jokinen, der rassistische Vorurteile vertreten, die weiße Überlegenheit behauptet und Ansichten geäußert haben sollte, die der Arbeiterklasse schadeten. Rund 1500 schwarze und weiße Arbeiter verfolgten den Prozess im Harlem Casino, einem der größten Säle der Gegend.[287] Eine Jury aus insgesamt vierzehn Arbeitern, sieben schwarzen und sieben weißen, fällte das Urteil.

Die Ereignisse, die zum Prozess gegen Jokinen führten, hatten in einem finnischen Klub in Harlem stattgefunden. Eines Abends kamen drei afroamerikanische Arbeiter zu einer dortigen Tanzveranstaltung. Widerwillig wurden sie eingelassen, aber die Feindseligkeit einiger anwesender weißer Arbeiter war so stark, dass sie bald gehen mussten. Jokinen war eines von mehreren Parteimitgliedern im Saal, aber kein einziger verteidigte die schwarzen Arbeiter, sprich: keiner hatte »seine Verantwortung und Pflicht als Parteimitglied« erfüllt.[288] Die weißen Parteimitglieder unterließen es schuldhaft, »entschieden für das Recht der schwarzen Arbeiter einzutreten, an dieser Tanzveranstaltung gemeinsam mit den weißen Arbeitern teilzunehmen«.[289] Ihre Aufgabe wäre es gewesen, das Recht auf Gleichberechtigung praktisch durchzusetzen. Stattdessen versuchten sie zu beschwichtigen.

Das Komitee der Kommunistischen Parteigruppe Harlem untersuchte die Angelegenheit und befragte »die Genossen in dem finnischen Klub«. Die finnischen Genossen »räumten ihren Fehler ein [...], *nur Genosse Jokinen nicht*«.[290] Jokinen suchte sein Verhalten zu rechtfertigen und erklärte, er habe gefürchtet, die schwarzen Arbeiter könnten in den Poolraum zum Baden gehen, »und dass zumindest er nicht mit Negern baden wollte«.[291]

Vertreter der Anklage im Jokinen-Prozess war Clarence Hathaway, der spätere Herausgeber des *Daily Worker*; die Verteidigung besorgte Richard B. Moore, »der beste schwarze Redner der Partei«.[292] Beide Plädoyers erläuterten der Öffentlichkeit die Position der Kommunistischen Partei, wonach der Kampf für die Freiheit der Schwarzen und die Rassengleichheit essenziell sei für den Kampf der Arbeiterklasse. Beide betonten die Entschlossenheit der Partei, den weißen Chauvinismus in ihren Reihen zu beseitigen. Beide waren sich einig, dass Jokinen schuldig sei. Die Verteidigung legte eine Einlassung Jokinens vor (übersetzt aus dem Finnischen, da er kaum Englisch sprach), in der er sich schuldig bekannte und Wiedergutmachung versprach – in Form konkreter Arbeit zur Liquidierung rassistischer Vorurteile und zur Unterstützung des schwarzen Befreiungskampfes. Uneins waren sich Anklage und Verteidigung über das Strafmaß: Sollte Jokinen aus der Kommunistischen Partei ausgeschlossen werden oder Bewährung erhalten?

Hathaways Ausschlussplädoyer konzentrierte sich darauf, dass Jokinen schuldhaft Ansichten und Praktiken vertreten habe, die die Einheit der Klasse beschädigten und die Grundprinzipien der Kommunistischen Partei verletzten. Jokinen beschädige die Einheit der Klasse mehrfach: Erstens, erklärte die Anklage, wiederhole der Angeklagte die »Lügen einer weißen Überlegenheit, die von den Kapitalisten und den Sklavenbesitzern der Südstaaten bewusst entwickelt worden sind«.[293] Hathaway räumte ein, dass Jokinen seine Vorurteile nicht selbst gebildet, sondern die Gedankengänge von anderen übernommen habe. Diese Vorstellungen seien »von den Kapitalisten systematisch und hartnäckig unter den Arbeitern dieses Landes gestreut worden«. Jokinen fungiere daher als ein »Lautsprecher für die Kapitalisten«.[294] Hathaway erklärte den Geschworenen und dem Publikum, die Kapitalisten förderten den Suprematismus, um die »brutale Ausbeutung und die heimtückische Verfolgung der schwarzen Massen durch die Kapitalisten in den Vereinigten Staaten« zu rechtfertigen.[295] Daher würden weiße Arbeiter schon beim geringsten Ausdruck einer sogenannten rassischen Überlegenheit zu »Agenten der Bourgeoisie im Innern der Arbeiterklasse«.[296] Indem er rassistische Ansichten verbreitet habe, anstatt gemäß der egalitären Erwartungen der Kommunistischen Partei zu handeln, habe Jokinen die Anstrengungen der Partei zur Herstellung der Einheit schwarzer und weißer Arbeiter untergraben.

Hathaways zweites Argument war, dass Jokinen die doppelte Unterdrückung schwarzer Arbeiter mittelbar unterstütze. Die Ideologie des weißen Suprematismus und Rassenhasses bilde, so rief Hathaway dem Prozesspublikum in Erinnerung, die Grundlage für Lynchmorde und Segregation. Er erklärte vor den versammelten Arbeitern:

> Natürlich lehnt Genosse Jokinen das alles ab. Er ist gegen das Lynchen und die Verfolgung. Aber unbewusst schwächt Genosse Jokinen mit seinen Theorien alle Anstrengungen, im gemeinsamen Kampf gegen die skrupellosen und blutbeschmutzten Ausbeuter zur Einheit zwischen den weißen und schwarzen Arbeitern zu gelangen.[297]

Um die Schwere von Jokinens Vergehen zu verdeutlichen, wies Hathaway darauf hin, dass 43 »schwarze Arbeiter und arme Landwirte letztes Jahr gelyncht wurden«.[298] Er kontrastierte diese Verbrechen mit dem Mut und Engagement der Schwarzen und erklärte, weiße Südstaatler würden das Lynchen üblicherweise als Reaktion auf einen erfundenen Vergewaltigungsvorwurf darstellen:

> Wenn man diesen »Vergewaltigungsfällen« auf den Grund geht, finden wir nicht Vergewaltigung, sondern dass der Schwarze die Rechnung ablehnt, die ihm im Geschäft eines Gutsherrn vorgelegt wurde. Sie sperren sich gegen die Versklavung durch die Grundbesitzer, und im Wesentlichen aus

diesem Grunde kam es im vergangenen Jahr zu 43 Lynchmorden.[299]

Vor dem Hintergrund des Lynchens und der Segregation stelle sich Jokinen durch seinen Fehler – die schwarzen Arbeiter weder willkommen zu heißen noch praktisch zu unterstützen – auf die Seite der Lynchmörder und Gutsbesitzer. Anstatt den mutigen Kampf schwarzer Arbeiter und Bauern zu fördern, beschädige das Handeln des Angeklagten diesen Kampf. Sein weißer Chauvinismus verunmögliche die Herausbildung einer Klasseneinheit und stärke dadurch »die Feinde der Arbeiter – die Kapitalisten und Gutsherren«.[300] Standpunkt der Kommunistischen Partei sei es hingegen, dass der weiße Suprematismus »kategorisch als arbeiterfeindlich verurteilt« werden müsse.[301] Jokinen habe diesen Standpunkt nicht verteidigt und müsse folglich ausgeschlossen werden.

Hathaways drittes Argument lautete, dass Jokinen – den er den gesamten Prozess hindurch als »Genosse Jokinen« bezeichnete – gegen die Ansichten der Partei verstoßen habe. Die Anklage bekräftigte wiederholt die Verpflichtung der Kommunistischen Partei auf die »vollständige und unbedingte Gleichstellung der Schwarzen«.[302] Dies bedeute die Abschaffung von Gesetzen und Praktiken: nämlich Gesetze, die schwarze Menschen auf dem Arbeits- und dem Wohnungsmarkt und im Wahlrecht diskriminieren; Gesetze, die gemischte Ehen verbieten; und die Vielzahl gesellschaftlicher Praktiken (wie das Tanzen und Baden im finnischen Klub), die eine Rassenhierarchie festschrieben. Der Umgang der Partei mit den Rassenschranken, so bemerkt Mark Naison, sei ein »Meilenstein« gewesen: »Nie zuvor hatte eine politische Bewegung – ob sozialistisch oder nicht – eine rassenübergreifende Gemeinschaft zu gründen versucht, die sich auf [den] privaten Bereich erstreckte und die Beteiligung an dieser Gemeinschaft als politische Pflicht definiert.«[303] Die Genossenschaftlichkeit musste sich auf das Alltagsleben auswirken. Um zu veranschaulichen, wie stark die Kommunistische Partei der vollständigen und unbedingten Rassengleichstellung verpflichtet sei, erzählte Hathaway die Geschichte des Genossen Dunne, der als Organisator unlängst eine Rede im Süden gehalten hatte: Er wurde gefragt – dabei fiel freimütig ein äußerst rassistisches Schimpfwort –, ob er auch damit einverstanden wäre, wenn seine Schwester einen Schwarzen heiraten würde. Genosse Dunne erwiderte, »er sähe es lieber, dass seine Schwester einen aktiven, kämpferischen Schwarzen heiratet, der entschlossen für Gleichstellung eintritt, als irgendeinen feigen weißen Chauvinisten«.[304] Das Publikum in Harlem applaudierte. Als Jokinen die Parteilinie zur Rassengleichstellung nicht in die Tat umsetzte, so Hathaway, gab er schwarzen Arbeitern allen Grund, von der Partei nichts anderes als Verrat zu erwarten.

Als Gegenbeispiel zu Jokinens Verhalten erläuterte Hathaway die Verpflichtung der Kommunistischen Partei auf das Selbstbestimmungsrecht schwarzer Menschen im *Black Belt* (siehe Kapitel zwei). Den anwesenden schwarzen und weißen Arbeitern verdeutlichte er den Unterschied zwischen der Linie der Kommunistischen Partei und dem Garvey'schen Standpunkt, die Afroamerikaner sollten nach Afrika zurückkehren:

> Wir sagen, die schwarzen Massen haben dieses Land mitaufgebaut, haben seine Institutionen miterrichtet und haben seinen Reichtum mitgeschaffen. Diese schwarzen Massen heute sind ebenso sehr Amerikaner wie jeder hier im Raum. Sie haben ein Recht, in diesem Land in aller Freiheit zu leben.[305]

Weil Afroamerikaner die Felder bestellten, auf denen der Reichtum der US-Südstaaten gründe, gehöre dieses Land rechtmäßig ihnen. Also kämpfe die Kommunistische Partei dafür, den Grundbesitzern des Südens dieses Land zu nehmen und es den Landarbeitern und Pachtbauern zu geben.

Hathaway schloss mit der abermaligen Mahnung, dass es die Pflicht weißer Arbeiter sei, das Lynchen ein für alle Mal zu beenden und »ohne Zögern jedem an den Hals zu springen, der einen Schwarzen ins Gesicht schlägt, der einem Schwarzen nachstellt«.[306] Weil der Kampf für die Gleichberechtigung schwarzer Menschen so entscheidend sei für den proletarischen Kampf, müsse die Kommunistische

Partei in der Praxis ihre Entschlossenheit unter Beweis stellen, jeden Funken weißen Chauvinismus auszutreten. Diese Entschlossenheit habe sie zu demonstrieren durch den Parteiausschluss Jokinens. Doch Hathaway bot Jokinen auch einen Weg zurück in die Partei: Wenn Jokinen aktiv gegen den weißen Suprematismus kämpfe, die schwarze Zeitung *The Liberator* (»Der Befreier«) verkaufe und über seinen Prozess im Finnischen Arbeiter-Klub berichte, dann solle er die Wiederaufnahme beantragen dürfen.

Moores Verteidigungslinie stellte die proletarische Rechtsauffassung ins Zentrum: Das Prinzip, das Jokinens Strafmaß bestimme, müsse »die Entwicklung des Kampfes der Arbeiterklasse und die Einheit aller unterdrückten Werktätigen« berücksichtigen.[307] Moore erinnerte die Geschworenen daran, dass Jokinen seine Schuld eingestanden habe, und erklärte: »Aber Genosse Jokinen steht hier nicht allein vor Gericht. Sondern, liebe Kollegen, das heimtückische *kapitalistische System*, das alle Arbeiter ausbeutet, dieses niederträchtige, korrupte und unterdrückerische System ist der Hauptangeklagte in diesem Arbeiterprozess«.[308] Das Gift des Rassenhasses werde von den Grundbesitzern und der Bourgeoisie verbreitet – unterstützt von opportunistischen Gewerkschaftern und Sozialisten. Moores Punkt war nicht, Jokinen aus der Verantwortung zu entlassen, sondern dass niemand unschuldig sei. Jede Facette des kapitalistischen Imperialismus verbreite die verkommene Ideologie des weißen Suprematismus. Moore richtete seine Kritik sogar gegen die Kommunistische Partei und fragte, ob sie die erforderliche Bildungsarbeit geleistet habe, um dem Rassenhass entgegenzutreten. Habe sie Lehrgänge für die Arbeiterbewegung entwickelt, in denen die Bedeutung des Kampfes gegen das Lynchen erklärt worden sei? Habe sie ernsthafte Anstrengungen unternommen, die Vorurteile auszurotten? Moore erklärte, die Antwort laute Nein. Die Partei sei also mitverantwortlich für Jokinens Verbrechen. Der Ausschluss Jokinens werde den »Makel des Chauvinismus« von der Partei nicht tilgen und die Partei nicht von ihren Vorurteilen befreien.[309] Selbstkritik, nicht Ausschluss wäre, so folgerte Moore, der bessere Ansatz. Durch Selbstkritik könne die Partei ihre Entschlossenheit mit Taten untermauern und »wirklich Seit' an Seit' mit den doppelt unterdrückten schwarzen Massen arbeiten und kämpfen, gegen das Jim-Crow-Lynchsystem der Bosse und für die völlige Gleichstellung und Selbstbestimmung«.[310] Ein zusätzlicher Nutzen des Wegs der Selbstkritik wäre es, so Moore, dass Jokinen dem Kampf erhalten bleibe – ein wesentlicher Punkt, da schließlich jeder Arbeiter für die Bemühung gewonnen werden müsse, das System zu stürzen.

Moore unterstrich die Schwere eines Ausschlusses:

> Wir müssen uns darüber im Klaren sein, dass ein Urteil auf unehrenhaften Ausschluss aus der Kommunistischen Partei für einen klassenbewussten Arbeiter schlimmer ist als der Tod durch die Hand der bürgerlichen Unterdrücker. Ich persönlich zöge es vor, dass mir kapitalistische Lynchmörder den Kopf vom Körper trennen, als dass ich aus der Kommunistischen Internationale ausgeschlossen werde.[311]

Von der Partei ausgeschlossen, von den Genossen getrennt und ihres Zusammenhalts beraubt zu sein sei ein schlimmeres Los als der Tod. Es sei ein sozialer Tod, mit dem ein Arbeiter zum Fremdkörper der eigenen Bewegung werde, zu einem Menschen, der mindestens genauso schlecht sei wie die Kapitalisten. Moore zeichnete ein lebendiges Bild vom weltweiten Kampf der Arbeiterklasse gegen den Imperialismus. Er verknüpfte »Schrecken und Leid und Elend der schwarzen Arbeiter« mit dem der russischen Arbeiter und Bauern, mit den geknechteten Arbeitern in Finnland, mit den chinesischen Arbeitern, die von den Kuomintang abgeschlachtet wurden, mit den kolonisierten Arbeitern in Indien und mit all den Massen, die die britische sozialfaschistische imperialistische Regierung in afrikanischen und anderen Kolonien unterdrücke. Würde Genosse Jokinen ausgeschlossen, wäre er verloren, weltlos, einsam.

Moore plädierte für eine Verurteilung Jokinens, argumentierte aber, »wir müssen zunächst und zuvörderst das blutige, brutale, heimtückische System des Kapitalismus verurteilen, das Arbeitslosigkeit und Lohnkürzungen erzeugt, das Hunger und Elend erzeugt, das Lynchmord und Terror erzeugt, das rassistische und nationalistische Vorurteile erzeugt«.[312] Die Partei solle ihren Genossen retten und erziehen, ihn auf Bewährung setzen und ihm Gelegenheit zu dem Beweis geben, dass er »für die Einheit der Arbeiterklasse« kämpfen könne.[313] Außerdem solle sie gnadenlos gegen den weißen Chauvinismus und gegen alle sonstigen Gefahren für die Einheit der Klasse vorgehen.

Die Jury sprach Jokinen schuldig, was wenig überraschend war, da er sich bereits schuldig bekannt hatte. Sie war sich einig, ihn auszuschließen; uneins waren die Geschworenen hingegen, ob der Ausschluss sechs oder zwölf Monate dauern solle. Die Jury griff die Vorschläge der Anklage auf, wie Jokinen seine Fehler korrigieren solle: indem er im Finnischen Klub von seinem Prozess berichtet, indem er sich dafür einsetzt, dass der Klub schwarze Arbeiter zulasse, indem er sich »aktiv beteiligt am Kampf gegen den weißen Chauvinismus in ganz Harlem«, indem er der League of Struggle for Negro Rights beitritt und *The Liberator* verkauft und indem er eine führende Rolle im Kampf gegen den weißen Chauvinismus einnimmt, und zwar in jeder Organisation und jedem Verein, dem er angehört.[314] Obwohl Jokinen ausgeschlossen wurde, blieb er ein Genosse. Der Prozess endete mit einem Urteil, das Jokinens Rolle im Klassenkampf festlegte auf die Liquidierung des weißen Chauvinismus. Die Partei schloss ihn nicht endgültig aus. Sie bot ihm die Möglichkeit einer Rückkehr.

Kurz nach diesem Urteil wurde Jokinen festgenommen und kam in Abschiebehaft.[315] Der *Daily Worker* erklärte, die Bourgeoisie habe darauf gesetzt, dass Jokinen nach seinem Parteiausschluss zum Verräter werde. Stattdessen habe dieser sich verpflichtet, für Rassengleichstellung und Arbeitersolidarität zu kämpfen. Die Zeitung bat ihre Leser, den Genossen Jokinen zu verteidigen:

> So wie Schwarze hier gelyncht und auf dem Scheiterhaufen verbrannt werden, so werden revolutionäre Arbeiter dort gemordet. Und Genosse Jokinen, der sich am Sonntag anschickte, den Kampf gegen die Lynchmörder hier aufzunehmen, soll nun an die finnischen Schlächter dort ausgeliefert werden.[316]

Im Rückblick mag es so scheinen, als ergehe sich der *Daily Worker* in rhetorischem Überschwang, bloß um die Parteilinie zu festigen, dass der Kampf gegen den weißen Suprematismus für den proletarischen Kampf zentral ist. Doch anderthalb Jahre nach der ersten Inhaftierung zitiert die Zeitung das New Yorker Berufungsgericht, das die Abschiebungsorder bestätigt hatte. In Bezug auf Jokinens Ausschluss erklärte das Gericht, »es genügt, dass der Ausländer Jokinen sich verpflichtet hat, bestimmte, von der kommunistischen Partei vorgegebene Aufgaben auszuführen, um seine Wiederaufnahme sicherzustellen. Aus diesem Grunde ist der Betreffende auszuweisen«.[317] Damit ist belegt, dass Jokinen tatsächlich abgeschoben wurde, weil er eingewilligt hatte, der Parteilinie zu folgen und sich dem Kampf für die Befreiung der Schwarzen zu widmen. Die Zeitung zitiert Jokinen: »Ein Kommunist muss seiner Partei treu sein und ihre Prinzipien umsetzen, nicht nur in Worten, sondern auch mit Taten. Ich habe diese Prinzipien umgesetzt. Ich werde lieber abgeschoben, als dass ich ihnen untreu werde und das Vertrauen meiner Genossen verliere.«[318]

Die Geschichte von August Jokinen ist streng genommen keine Geschichte vom Ende der Genossenschaftlichkeit. Zwar wurde er aus der Partei ausgeschlossen, sie entzog ihm aber nicht die genossenhafte Verbundenheit. Im Gegenteil, die von der Komintern unterstützte International Labor Defense (ILD) übernahm seine Verteidigung im Abschiebungsprozess. Jokinen wurde ausgeschlossen, aber nicht auf ewig verbannt. Der Ausschluss war ein Endpunkt, aber kein endgültiger, sondern nur ein Moment. So können wir Harry Haywood zustimmen, der dieses Ende einer Genossenbeziehung als Korrektur bezeichnet.[319] Genossen werden Fehler begehen, Fehler, die Parteigrundsätze verletzen und dem proletarischen Kampf schaden, Fehler, die verurteilt werden müssen. Das heißt aber nicht unbedingt, dass sie für immer ausgeschlossen werden müssen. Proletarische Rechtsauffassung und kommunistische Prinzipien erfordern es, dass Genossen eine Chance zur Rückkehr erhalten.

Haywood betrachtet den Jokinen-Prozess als korrekte Praxis. Doch Anfang der 1950er-Jahre waren die Praktiken der CPUSA deformiert: Wurde die Mitgliedschaft beendet, gab es keinen Weg zurück mehr, ehemalige Genossen wurden vollständig ausgestoßen. Zum Hintergrund dieser Regression gehörte der steigende Druck, den der Antikommunismus im Kalten Krieg auf die Partei ausübte: Im Jahr 1948 wurden zwölf Führungskräfte der Partei verhaftet. Ihr Prozess begann im Jahr darauf, war Gegenstand umfangreicher Berichterstattung und sollte zu einem der längsten der US-Geschichte werden. Elf der zwölf Spitzenkräfte wurden schuldig gesprochen; der zwölfte Angeklagte, William Z. Foster, war aus gesundheitlichen Gründen nicht verhandlungsfähig. Im Jahr 1950 wurde das McCarran-Gesetz über die Innere Sicherheit verabschiedet, das die Registrierung aller kommunistischen Organisationen vorschrieb. Mit diesem Gesetz zur Kontrolle subversiver Aktivitäten, wie es auch genannt wurde, verschärfte der Gesetzgeber das Abschieberecht und erklärte das Protestieren vor Bundesgerichten zum Schwerverbrechen. Das Gesetz befugte den Justizminister außerdem zur Einrichtung von Haftanstalten für Menschen, die der Subversion verdächtigt wurden. Die Kommunistische Partei reagierte mit der Auflösung von Organisationsstrukturen und schickte ihre Mitglieder in den Untergrund – ein Vorgehen, das Haywood als hysterisch und selbstzerstörerisch bewertet.[320] Zeitgleich wurde die Parteiarbeit durch die Unterwanderung mit polizeilichen und FBI-Kräften zunehmend erschwert: Provokateure versuchten, gewaltsame und rechtswidrige Aktionen anzuregen, gefährdeten damit einzelne Parteimitglieder, untergruben gegenseitiges Vertrauen und zerrütteten die Genossenschaftlichkeit.

Die Partei bewegte sich außerdem nach rechts. Der Rechtskurs hatte bereits früher unter der Leitung von Earl Browder eingesetzt. Wie Haywood schreibt, verfolgte Browder eine nationale Einheit in den USA. Er meinte, Kapital und Arbeit könnten im Sinne von Vollbeschäftigung, Wohlstand und Wirtschaftswachstum zusammenwirken. Als Teil dieser generellen Entradikalisierung des US-amerikanischen Kommunismus gab Browder auch die Linie gegenüber dem Selbstbestimmungsrecht der Afroamerikaner auf; kritisiert wurde er dafür von Claudia Jones in einem Artikel, der in der gesamten Partei eine heftige Debatte auslöste.[321] Browder glaubte, so Haywood, »die Schwarzen hätten bereits die vollständige Gleichstellung erreicht« und »hätten ihr historisches Selbstbestimmungsrecht schon ausgeübt und sich für die Integration in das Land als Ganzes entschieden«.[322] Obwohl Browder 1946 letztlich ausgeschlossen wurde, blieb die Ausrichtung auf Bündnisarbeit, fortschrittliche Allianzen und Reformismus erhalten.

Dies war der Hintergrund dessen, was Haywood als »Sitzkrieg« der Partei gegen den weißen Chauvinismus bezeichnete.[323] Die Abkehr der Partei von ihrer früheren Verpflichtung auf die afroamerikanische Selbstbestimmung schuf im Verbund mit ihrem allgemeinen Rechtskurs eine Situation, in der rassistische Haltungen und Praktiken wieder zum Ausdruck gebracht werden konnten. Laut Haywood hätte die Partei mit einem neuen Bildungsprogramm, der Arbeit unter den Massen und der »Bekräftigung unserer revolutionären Linie« reagieren sollen.[324] Stattdessen wurde »eine Art moralischer Kreuzzug gestartet, der von der Arbeit unter den Massen völlig entkoppelt war«.[325] Haywood schreibt weiter:

> Weil man sich weigerte, die Konsequenzen der Unterdrückung der Schwarzen als nationaler Unterdrückung in ihrem ganzen Ausmaß zu ermessen, glaubte man die chauvinistischen Praktiken liquidieren zu können, indem man der Parteibasis die falschen Ideen und Einstellungen austrieb. Der weiße Chauvinismus galt letztlich als eine Art Phänomen: ein eigenständiges Ding, losgelöst vom Kampf für die Rechte der Schwarzen und die proletarische Revolution.[326]

Eine Beteiligung der Partei an den Massenprotesten für die Befreiung der Schwarzen hätte ihren Mitgliedern vermittelt, wie und warum man gegen den weißen Suprematismus kämpft. Stattdessen entschloss sich die Partei, Ermittlungen und Anhörungen durchzuführen und selbst langjährige Mitglieder mundtot zu machen und auszuschließen. Anstatt sich in einer Massenorganisierung zu engagieren, was ihr einst die Unterstützung und Achtung vieler Afroamerikaner eingebracht hatte, bemaß die Partei ihren Anteil an der Befreiung der Schwarzen nun in »der Zahl der Genossen, gegen die disziplinarische Maßnahmen ergriffen wurden«.[327]

Haywood schildert, wie die »gut vier Jahre lang« andauernde Auseinandersetzung immer vertrackter wurde: Die schwarzen Genossen machten sich einen eng gefassten Nationalismus zu eigen, mit dem sie jede Meinungsverschiedenheit mit weißen Genossen als Anzeichen von Chauvinismus werten konnten, während sich die weißen Genossen ihrer Verantwortung entzogen, weiße Arbeiter für die Befreiung der Schwarzen zu gewinnen.[328] Die weißen Genossen zogen sich auf eine rassistisch-paternalistische Position zurück und betrachteten alle Schwarzen »ungeachtet ihrer Klasse« als revolutionär.[329] Haywood erinnert sich:

> Die weißen Genossen scheuten zunehmend den Umgang mit schwarzen Genossen, weil sie fürchteten, etwas zu tun oder zu sagen, das als weißer Chauvinismus gelten könnte. Der Krieg wurde sogar auf dem Feld der Semantik ausgetragen. Genossen, die Ausdrücke wie »schwarzer Kaffee« oder »schwarzes Schaf« gebrauchten, setzten sich dem Chauvinismusvorwurf aus.[330]

Auch Haywoods Ehefrau Belle, eine Weiße, traf seitens eines schwarzen Studenten an der Jefferson School dieser Vorwurf. Der Student glaubte erklärtermaßen, weiße Ehefrauen schwarzer Männer »sind chauvinistischer als alle anderen«.[331] Die Auseinandersetzung intensivierte sich derart, dass sie die gesamte Partei in Denver, einer Stadt mit mehr als 400.000 Einwohnern, quasi zerstörte.[332] Anstatt den Rassismus auch nur im Entferntesten zu vernichten, mündete der Sitzkrieg gegen den weißen Chauvinismus in »Feindseligkeit, Verbitterung und Misstrauen unter ehemals vertrauten Genossen«.[333]

Nicht alle Genossen Haywoods werteten den parteiinternen Kampf gegen den Rassismus als »Sitzkrieg«. Der Hollywood-Drehbuchautor Paul Jarrico – ein Parteigruppenvorstand, der während der Anhörungen vor dem Kongress-Ausschuss für unamerikanische Umtriebe oft als Beispiel eines Kommunisten benannt wurde – war der Ansicht, der »Kampf gegen den weißen Chauvinismus« sei einer der Punkte, in denen die Partei eindeutig richtig liege. In einem Interview sagte er:

> Keiner von uns, die wir an diesen Kämpfen teilnahmen, hat sich für irgendetwas zu schämen, nicht eine Sekunde lang. Wir können auf vieles stolz sein. Natürlich ist es richtig zu sagen, ich bin gegen weißen Chauvinismus und ich bin gegen Rassismus, aber wir wachsen in einer Gesellschaft auf, die vom Rassismus vergiftet ist – und wie wird man dieses Gift los?[334]

Ausschlüsse können das Ende der Genossenschaftlichkeit bedeuten; das erschließt sich leicht im Falle eines ausgeschlossenen Individuums. Haywoods Schilderung einer Zeit, in der die Ausschlüsse völlig außer Kontrolle gerieten und die Partei in eine selbstzerstörerische Raserei verfiel, zeigt die allgemeineren Auswirkungen von Ausschlüssen: Der Verfolgungswahn untergrub das Vertrauen, das für eine Kritik und Selbstkritik unter Genossen notwendig ist. Indem sie sich gegen sich selbst wandte, wandte sich die Partei vom Kampf der Massen ab – von den Kampagnen, den Organisationen und der Massenarbeit, mit denen sie aktiv für die Befreiung der Schwarzen gekämpft hatte. So war die Partei kein Instrument des Kampfes mehr und verwandelte sich in ein Schlachtfeld: Genossen werden zu Gegnern und dann zu Opfern, hinausgeworfen aus einer Welt, die einmal die ihre war.

Der ehemalige Genosse ist gesellschaftlich tot, abgeschnitten von den Aktivitäten und Beziehungen, die sein politisches Leben ausgemacht hatten. Während seines Prozesses beschrieb Bucharin die Stellung des Ausgeschlossenen so: »Isoliert von allen, ein Feind des Volkes in einer nicht menschlichen Lage, in voller Isolierung von allem, was das Wesen des Lebens ausmacht.«[335] Es spielt keine Rolle, ob Genossen wie er recht hatten, ob sie integer waren oder gute Gründe für ihr Tun hatten. In ihrer Eigenwilligkeit gehen sie nicht mit der Partei. Ihre Arbeit und ihr Handeln stehen nicht im Einklang mit dem größeren Kampf. Für Jessica Mitford war der Ausschluss, als wäre man »ausgestoßen in das Dunkel da draußen mit seinem Elend und Zähnefletschen«. Das Schreckliche am Ausschluss war nicht nur der Verstoß aus der Politik, sondern der Verlust des gesamten sozialen Seins. Mitford schreibt:

> Nach seinem Ausschluss wurde das ehemalige Mitglied »freigestellt«, das heißt, dass er oder sie mit einem Schlag und für immer nicht nur von der Organisation und allen Aktivitäten abgeschnitten war, sondern von einem ganzen Kreis langjähriger Freunde und Bekannter. Der Umgang mit einer »freigestellten« Person zählte zu den schlimmsten Verstößen gegen die Disziplin und war ein Ausschlussgrund.[336]

Aus dem Blickwinkel der Partei erklärt das ehemalige CPUSA-Mitglied Sophie Chessler:

> Es war nicht so, dass wir uns gut fühlten, wenn jemand ausgeschlossen wurde. Wir fühlten uns *schlecht*. Sehr schlecht. Aber die Parteidisziplin musste um jeden Preis aufrechterhalten, verteidigt werden. Das war ein Grundsatz, den niemand infrage stellte. Und wenn jemand ausgeschlossen wurde, dann – und das konnten wir immer *deutlich* sehen – weil die Parteidisziplin in Gefahr war.[337]

Wie der Jokinen-Prozess zeigt, gibt es aber auch andere Wege: Man kann Genossen eine zweite Chance geben. Diese Option ist allerdings passé, wenn die überichliche Dimension der Disziplin die Oberhand gewinnt. Das kollektive Begehren nach Kollektivität gleitet ab in den Trieb nach unmöglicher Reinheit – als könnte eine solche Reinheit den Baustein liefern, den die Partei zum Fortbestand in einem widrigen und veränderlichen Umfeld braucht. Der Ausschluss verspricht von den Problemen der Partei zu erlösen, ist aber stattdessen ein Hindernis für die kritische und offene Auseinandersetzung mit diesen Problemen. Angst und Selbstkritik sind unvereinbar. Es ist fast so, als hätte sich der McCarthyismus, der die Partei von außen mit Festnahmen und Abschiebungen bedrohte, im Innern der Partei durch Inquisition und Ausschlussmanie festgesetzt.

Der Austritt

Während die Partei mit einem Ausschluss die Beziehung für beendet erklärt, kommt es zum Austritt, wenn der Genosse erkennt, dass er nicht mehr auf derselben Seite steht wie die Gruppe oder Partei. Im Winter 1962 verließ C.L.R. James die Arbeiterzeitung *Correspondence*, die er ein Jahrzehnt zuvor gegründet hatte. Deren Chefredakteurin Grace Lee Boggs hatte (mit Unterstützung des Vorsitzenden des Correspondence Publishing Committee, James Boggs) die Veröffentlichung einiger Artikel abgelehnt, die James über zwei Bücher von Raymond Williams geschrieben hatte. Hier ging es darum, ob die Artikel eine innere Angelegenheit der organisatorischen Linie und Ausrichtung seien oder ob sie von allgemeinerem Interesse wären. James wandte sich mit dem Problem an das gesamte Correspondence Publishing Committee. Die Mehrheit befürwortete die Veröffentlichung der Artikel. Aber Lee und Boggs weigerten sich weiterhin und spalteten damit die Organisation.

Die politischen Streitfragen, die dieser Spaltung zugrunde lagen, hatten bereits seit einiger Zeit geschwelt. Es ging unter anderem um die Haltung der Zeitung zu den Gewerkschaften, den Eliten, zum Marxismus, zum Wesen der Kämpfe in den Vereinigten Staaten und zum »revolutionären Potenzial der Arbeiterklasse«.[338] Mich interessieren hier weniger die Einzelheiten des Konflikts, als vielmehr die Rolle des Genossen in James' Position. In den ersten drei Absätzen seiner Stellungnahme gegenüber der Redaktion bezeichnet James die Verbundenheit mit marxistischen Prinzipien als Grundlage der Genossenschaftlichkeit:

> Wer die ureigenen Grundlagen des Marxismus zum Gegenstand der Debatte erklärt, ist kein Marxist mehr. Ich kann und will keine Verbindung zu Leuten aufrechterhalten, die sich als Marxisten bezeichnen und derart aufführen. Nach meiner Erfahrung werden diejenigen, die einen neuen und schnellen Weg aus dem Marxismus suchen und dabei ihren Bruch mit dem Marxismus nicht offen erklären wollen, zu den erbittertsten und skrupellosesten Gegnern ihrer früheren Genossen.[339]

Im zweiten Absatz begründet er seinen Austritt weiter:

> Dieselben Gründe, die mich veranlassten, die Organisation zu gründen und ihr ganze zwanzig Jahre treu zu bleiben, zwingen mich nun, jede Verbindung mit den Leuten zu kappen, die mit einer Position einverstanden sind, in der sich die Zerstörung all dessen ausdrückt, wofür wir gestanden haben. Ich bleibe derselbe wie eh und je, ein unnachgiebiger Feind all derer, die sich zwar Marxisten schimpfen, aber glauben, der Aufbau des Sozialismus durch das Proletariat könne zur Debatte stehen.[340]

Im dritten Absatz wendet sich James an seine Freunde, Genossen und Feinde:

> Allen, die immer noch die Grundlagen des Marxismus und unserer Bewegung teilen, bleibe ich ein Genosse (was für mich mit all seinen Folgen an erster Stelle steht), und hoffe, jener kameradschaftlichen Zusammenarbeit und persönlichen Zuneigung, mit der ich die Praxis des Marxismus immer in Verbindung gebracht habe, unter keinen Umständen den Rücken kehren zu müssen [...] unsere Welt sieht sich eben deshalb in sozialen und geistigen Aufruhr versetzt, weil man den Gedanken aufgegeben hat, dass das Proletariat der einzige Teil der Gesellschaft ist, der den Anstoß zur Reorganisation der Gesellschaft geben kann [...] Allen, die dieser Sache treu sind, sage ich, wir sind Genossen und werden bei jeder Gelegenheit für sie kämpfen. Allen, die dies nicht wissen, sich aber intuitiv zum Widerstand gegen den Kapitalismus hingezogen fühlen, sage ich, wir sind Freunde. Allen jedoch, die unsere Sache jahrelang vertreten haben und nun entschlossen sind, ihr den Rücken zu kehren, sage ich, wir sind Feinde, ausgesprochene und unnachgiebige Feinde.[341]

Jeder Absatz spricht von Genossen und von Feinden. Genossen sind die Menschen auf derselben Seite, wo man per definitionem am

Marxismus festhält, so James. Wer die Grundlagen des Marxismus infrage stellt, ist kein Genosse, denn er verweigert sich den grundlegenden Verpflichtungen der Parteilichkeit.

Im ersten Absatz wendet sich James gegen die selbsterklärten Marxisten, die allerdings grundlegende Lehrsätze des Marxismus debattieren wollen. Im zweiten Abschnitt erklärt er, welche Kernaussage er als unantastbar und als Lackmus-Test für Genossen betrachtet, nämlich dass der Sozialismus vom Proletariat aufgebaut wird. Drittens bekräftigt James seine Überzeugung, dass nur das Proletariat die sozialistische Reorganisation der Gesellschaft einleiten könne. Er könne niemandes Genosse sein, der diesen Grundgedanken ablehnt.

James identifiziert auch den Feind – nicht die Bourgeoisie, nicht die Kapitalisten, weder die Bosse noch die Grundbesitzer. Die Feinde nennen sich selbst Marxisten und stellen gleichzeitig marxistische Grundsätze infrage. Feinde sind sie, weil sie die eigene Seite von innen heraus zerstören, die Bedeutung des Marxismus und damit den Sinn der eigenen Seite überhaupt zersetzen. James zog sich aus der *Correspondence* lieber zurück, als diese Zersetzung hinzunehmen.

Vielleicht aufgrund seines intensiven Gespürs dafür, dass ehemalige Genossen die erbittertsten und skrupellosesten Feinde sind, versteht James »Freunde« anders, als ich sie in Kapitel drei fasse: Freunde sind für James die Menschen, denen der politische Instinkt gemein ist, dass man gegen den Kapitalismus Widerstand leisten muss. Freunde sind nicht bloß Unterstützer, die für ein Tauschgeschäft im Sinne ihrer Eigeninteressen zu haben sind, aber sie sind noch keine Genossen, die eine gemeinsame marxistische Praxis verbindet. Feinde hingegen gebrauchen das Wort »Marxist« als Selbstbezeichnung, verkennen aber die Rolle des Proletariats beim sozialistischen Aufbau. Ihr Selbstbild als »Marxisten« erscheint realitätsfremd, doppelzüngig, eine Frage ihrer höchst eigenen Deutungshoheit. Insofern ähnelt James' Bezeichnung ehemaliger Genossen als Feinde meiner Feststellung, individuelle Identität sei der große Andere des Genossen. Die eigenwillige Umdeutung eines gängigen Begriffs zerstört die Kollektivität und Gemeinsamkeit, die daraus erwächst, auf derselben Seite zu stehen. Wenn jeder ein Genosse sein kann, müssen wir sicher sein, dass wir für die gleiche Politik einstehen. Diejenigen, die unsere Sprache zu sprechen vorgeben, sie aber von innen heraus umschreiben, zerstören nichts weniger als die Überzeugung, die uns zusammenhält. Somit können wir nicht sicher sein, können nicht darauf vertrauen, dass wir ein »Wir« sind.

Nicht alle Austritte sind individualistischer Natur. Manche sind ein echtes Zeichen der Genossenschaftlichkeit und Kollektivität im Gegensatz zu einer auf Abwege geratenen Partei: Junius Scales, der aufgrund des Smith Act wegen seiner Mitgliedschaft in der Kommunistischen Partei inhaftiert wurde, hatte infolge der Anklage allerlei juristische und finanzielle Probleme. Scales erzählt, wie ein loyales Parteimitglied in einem privaten Partei-Salon zweihundert Dollar sammelt, um ihm und seiner Familie unter die Arme zu greifen – und wie der Parteizellenleiter davon Wind bekommt und überhaupt nicht begeistert ist. Scales beschreibt die Situation:

> Da war diese Frau, die seit fünfundzwanzig Jahren in der Partei war, und sie stand in einem Raum voller Leute, die ebenso lang in der Partei waren. Und dann platzt da dieser Trottel rein und erklärt, sie verstoße gegen die Parteilinie. Sie hakte nach, er wusste keine Antwort. Und so traten sie und alle Anwesenden an Ort und Stelle aus der Partei aus. Zusammen gingen sie nach nebenan und gaben meiner Frau das Geld, das sie gesammelt hatten.[342]

Die Genossenschaftlichkeit überstieg hier eine im Namen der Partei geäußerte Behauptung. Die echten Genossen wussten, auf welcher Seite sie standen.

Viele der Geschichten, in denen die Genossenbeziehung mit dem Austritt endet, sind lebhaft, ja dramatisch: Mitgliedsausweise werden zerfetzt, und ehemalige Genossen reden einander plötzlich kalt mit »Bürger«, »Herr« oder »Fräulein« an. Bisweilen wird das Ende auch als Befreiung dargestellt. In der ersten seiner zwei Autobiografien beschreibt der Schriftsteller Howard Fast, Autor des Romans *Spartacus*, seinen Entschluss zum Parteiaustritt als Erwachen »aus einem langen und furchtbaren Alptraum«.[343] Er schildert sein Schwanken: zwischen der Angst vor der Selbstauslöschung, dem Verlust seines persönlichen Gewissens, dem Bewusstsein, welch große Bedeutung die Partei für seinen Erfolg als Autor hatte, der Geheimansprache Nikita Chruschtschows auf dem XX. Parteitag der KPdSU 1956 (die der Grund für seinen Austritt gewesen sein soll, obwohl er fast noch ein Jahr lang Stillschweigen wahrte) und schließlich der Sehnsucht auszutreten, die genauso lange bestanden habe wie seine Mitgliedschaft. Fast schreibt: »Der Alptraum bestand darin, dass jeder Abtrünnige alle Hoffnung auf Erlösung fahren ließ. Damit zu leben war nicht einfach. Fing der Austritt aus der Partei mit dem Eintritt an – und ist das immer so?«[344] Auch wenn Fast seine Bewunderung für die Kader an der Basis kundtut, sein individualistisches Augenmerk auf die Schriftstellerkarriere (selbst zu der Zeit, als diese von der Partei befeuert wurde) und seine Bekundung eines immerwährenden Zweifels werfen die Frage auf, ob Fast jemals ein Genosse war. In seiner zweiten Autobiografie äußert er sich weniger abschätzig über die Partei, sondern rühmt eher seine eigene Begabung und Karriere.[345] Die Erwartungen der Genossen zu erfüllen scheint für ihn mehr Pflicht als Freude gewesen zu sein: widerwillig erledigt, mit einigem Groll statt mit Enthusiasmus. Er hat es trotzdem gemacht.

Andere Austrittsgeschichten veranschaulichen die Auswirkungen einer veränderten Parteilinie, so etwa die Folgen der Abwendung der Partei vom Selbstbestimmungsrecht schwarzer Menschen. Audley »Queen Mother« Moore trat 1950 aus der Partei aus. Zwar habe sie »die Partei mehr als mein Leben geliebt«, aber sie konnte es nicht mittragen, dass die Partei ihr Engagement für die Schwarzen als unterdrückte Nation einstellte. In einem Interview erklärte Moore, die später als Aktivistin des schwarzen Nationalismus und Befürworterin von Reparationen für die Sklaverei bekannt wurde:

> Ich trat aus, weil sie [die Parteigenossen] die Frage, die mich am meisten an dem Wort »Neger« störte, genauso wenig debattieren wollten wie die Tatsache, dass sie ihre Haltung

> zur Nation, also dass wir eine Nation sind, aufgegeben haben – über diese Dinge wollte ich sprechen, verstehen Sie? Und wenn ich mit den Weißen redete, gaben sie mir recht. Aber wenn ich zu den schwarzen Genossen ging, wollten die davon nichts wissen. Sie hatten Angst, verstehen Sie, Angst, politisch unkorrekt zu sein … Solange die Weißen nicht davon sprachen, hatten sie Angst und hielten still. So blieb mir keine andere Wahl als der Austritt, verstehen Sie? Ich konnte nicht so weitermachen wie bisher, denn ich wusste, das war der falsche Weg: völlig falsch, er stand meinen Interessen als Schwarze diametral entgegen, Punkt.[346]

Angst ist ein Anzeichen für das Schwinden der Genossenschaftlichkeit. Wie ich in Kapitel drei herausgearbeitet habe, ist Mut eines der vier Kennzeichen des Genossen. Moore konnte ihre Partei nicht dazu bringen, das eingestellte Engagement für die Selbstbestimmung der Afroamerikaner zu diskutieren und zu einer Selbstkritik zu gelangen, mit der die Partei ihre Fehler hätte einräumen und korrigieren können. Die Mitglieder hatten Angst und waren mithin nicht in der Lage, einander die Unterstützung, Ermutigung und Zuversicht zu vermitteln, die für sinnvolle Parteiarbeit und praktischen Optimismus notwendig sind. In der Überzeugung, dass die Partei sich nicht mehr für die Befreiung der Schwarzen einsetze, verließ Moore die Organisation und fand andere Wege des Engagements.[347]

Die Abkehr

Genossenschaftlichkeit endet nicht immer auf dramatische oder plötzliche Weise. Bei einigen löst sich die intensive Vertrautheit der politischen Arbeit allmählich auf, zerschlissen durch Erschöpfung und Desillusionierung, etwa wenn sich die Enttäuschungen mehren, so dass schließlich die eigentliche Arbeit weniger mühsam ist, als in den eigenen Bemühungen Sinn und Nutzen zu erkennen. Ein CPUSA-Organisator beschreibt, wie er die Partei verließ: Sein Austritt hatte keinen bestimmten Grund, wie etwa die Kenntnis von

Chruschtschows Eingeständnis der Verbrechen der Stalin-Epoche. Er blieb noch einige Jahre: »Die Welt ging nicht mit einem Knall unter, sondern mit einem Seufzen. Mir kam einfach langsam das Herzblut abhanden.«[348] Das Herzblut versickert, das Gefühl einer intensiven Verbundenheit mit den Menschen auf derselben Seite nimmt ab. Man erkennt, dass sich die Erwartungen an sich selbst und aneinander verändert haben. Kurz bevor Frank Wilderson Südafrika verlassen musste, sagte ihm seine Frau: »Sie haben dich satt! Das sind keine *Genossen* mehr! Sie sind die Regierung, und sie haben dich langsam satt.«[349] Sie meinte, dass er nicht damit rechnen könne, Gehör zu finden und seine Argumente oder Appelle fruchten zu sehen. Den Zusammenhang, sprich: die *Seite* gab es nicht mehr.

Der antikommunistische Linkssozialist Irving Howe schildert die Anzeichen einer schwindenden Bindung an die kleine sozialistische Sekte, die sich Ende der 1940er-Jahre um Max Shachtman gebildet hatte: »Ein solider Aktivist, der über Jahre hinweg die Beiträge eingesammelt hatte, verschwand nun spurlos. Das geht an die Nerven: Er kommt einfach nicht mehr zu den Treffen, eine verlorene Seele.«[350] Jemand, mit dem man gerechnet hat, kommt nicht. Diese Person erfüllt die Erwartungen nicht, die Genossen ineinander setzen, und liefert nicht einmal eine minimale Begründung. Howe sieht einen Zusammenhang zwischen der Auflösung der sozialistischen Gruppe und dem Bestreben ihrer Mitglieder, den Marxismus zu revidieren beziehungsweise weiterzuentwickeln. In der kritischen Diskussion gelang es nicht, zentrale Begriffe zu klären; stattdessen wurden bisher wesentliche Gedanken einer grundlegenden Umdeutung unterzogen und generelle Zweifel über den Zweck der Organisation geweckt. Was überaus wichtig gewesen war, wurde sinnlos. Howe schreibt:

> Die Teilnahme an den Versammlungen wird zur Qual. Man trifft Menschen, die man mag, deren Anblick man aber kaum erträgt. Wie die Jünger einer häretischen Religion behandeln wir routiniert erst »Organisatorisches« und dann »Debatte«. Wir zählen unsere Verluste. Verstohlen rätseln wir, wer wohl als Nächstes wegbleibt. Wir trösten uns mit der Mahnung,

> »standhaft« zu bleiben. Wir treffen uns seltener – um die Nerven zu schonen. Und je mehr Vernunft wir walten lassen, desto weniger entspricht sie unseren Wünschen.[351]

Das verminderte Engagement führt zu verminderter Bindung. Entkoppelt von den gemeinsamen Gedanken, Praktiken und Kämpfen, können die Leute einander kaum mehr als Genossen sehen. Schlimmer noch, sie wollen die anderen gar nicht mehr so sehen – wozu also ein Aufheben darum?

Für Lillian Hellman war der Ausstieg aus der Partei nicht sonderlich schwierig. Sie war sowieso nie besonders engagiert gewesen. Hellman bezeichnete sich als »ein überaus zufälliges Mitglied« und hatte immer ihren persönlichen Überzeugungen den Vorrang gegeben:

> Ich besuchte sehr wenige Versammlungen und nahm dort nicht mehr wahr als Menschen, die in einem Raum herumsitzen und über aktuelle Ereignisse oder die Bücher reden, die sie gelesen haben. Ich entglitt der Kommunistischen Partei, weil ich mich dort fehl am Platze fühlte. Mein einzelgängerisches Wesen passte genauso wenig zur politischen Linken wie zu dem konservativen Umfeld, aus dem ich stammte.[352]

Wie viele andere Intellektuelle schätzte Hellman Unabhängigkeit höher als Genossenschaftlichkeit. Deswegen ist sie noch lange kein schlechter Mensch. Als Sympathisantin und Weggefährtin unterzeichnete sie 1937 auch den »Offenen Brief an Amerikanische Liberale«.[353] Der Text kritisierte das Ansinnen des Amerikanischen Ausschusses zur Verteidigung von Leo Trotzki, die Moskauer Prozesse zu untersuchen, und erklärte es für notwendig, die Sowjetunion als Bollwerk gegen den aufstrebenden Faschismus in Europa zu stärken. Hellman zahlte für diese solidarische Geste: Nachdem sie vor den Kongress-Ausschuss für unamerikanische Umtriebe geladen worden war, landete sie auf der schwarzen Liste. Nichtsdestotrotz ging sie nach eigener Aussage nicht in jenem intensiven politischen Engagement auf, das Genossen miteinander verbindet und sie zugleich von allen anderen trennt. Ihre Abkehr vollzog sich ganz mühelos.

Um eine solche Abkehr zu verhindern, genügt es nicht, »Genosse« als Anrede zu verwenden. Wird ein solcher Sprachgebrauch vorgeschrieben, ist das vielmehr ein Anzeichen für das Schwinden oder Fehlen der Genossenschaftlichkeit und für die Tatsache, dass die Menschen von den anderen eine Reaktion als Genosse nicht erwarten. Verschiedentlich wies die Kommunistische Partei Chinas ihre Kader an, einander als »tóngzhì« zu adressieren. Eine Anweisung jüngeren Datums fordert die Mitglieder etwa auf, einander nicht als »Boss«, »Buddy« oder »Bro'« anzusprechen, denn diese Worte würden »bekanntermaßen in Privatunternehmen und sogar in Mafiakreisen verwendet«.[354] Die entschiedene Verwendung des Worts »Genosse« in der Kommunistischen Partei durchbricht die ökonomischen Hierarchien; die Gleichstellung in der politischen Arbeit soll sich abheben von den Ungleichheiten, die mit der Arbeit auf dem und für den Markt einhergehen. Den Wortgebrauch allerdings vorzuschreiben untergräbt den Enthusiasmus, die Freude und den Mut, die eigentlich mit »Genosse« einhergehen. Damit ist das Verhalten nicht Frucht der Disziplin, sondern der Angst vor den Folgen der Befehlsverweigerung. Moshe Lewin schreibt:

> Die Verwendung des Wortes »Genosse« verliert ihre Magie, wenn der »Genosse« ein Vorgesetzter ist, der Befehle erteilt und deinen Verdienst ebenso bestimmt wie deine Karriereaussichten. Die neue, nun alltägliche Realität ist ganz einfach: »Wir sind nicht auf Augenhöhe, Genosse Iwanow, sondern auf einer Leiter, und ich bin nicht Ihr Genosse, Genosse Iwanow.«[355]

Das Ende der Genossenschaftlichkeit hat nicht eine Gestalt, sondern viele. Einige Genossen gründen nach der Abspaltung von einer Organisation gleich eine neue – man denke etwa an Rosa Luxemburg und Karl Liebknecht, die die Sozialdemokratische Partei Deutschlands verließen und die Kommunistische Partei Deutschlands gründeten.[356] Als Jay Lovestone und seine Genossen aus der CPUSA ausgeschlossen wurden, beharrten sie darauf, weiter Kommunisten zu sein, und tauften ihre neue Vereinigung Kommunistische Partei (Opposition).[357] Und obgleich Sylvia Pankhurst verlauten ließ: »Ich bin kaputt, Genossen. Ich habe einen langen und harten Kampf hinter mir« (nämlich gegen ihren Ausschluss aus der Kommunistischen Partei Großbritanniens), begann sie mit dem Aufbau einer kommunistischen Arbeitergruppe und beteiligte sich fortan an antifaschistischen und antikolonialen Kämpfen.[358] Andere ehemalige Genossen hingegen schwören ab, verraten und spionieren. So verspürte Harvey Matusow nie ein Gefühl der Zugehörigkeit, der Selbsterkenntnis oder des Selbstbewusstseins – wegen dem er in die CPUSA eingetreten war.[359] Also spitzelte er für das FBI, wurde aus der Partei ausgeschlossen und wandelte sich dann zum professionellen antikommunistischen Zeugen – zu einem von einer ganzen Reihe von Zeugen, die während der McCarthy-Zeit berühmt (und berüchtigt) waren. Auch seine Partnerin, Elizabeth Bentley, vermarktete sich als Abtrünnige und trat in den Medien als »rote Spionagekönigin« auf.[360] Einige ehemalige Genossen verwandeln sich in Todfeinde. Andere finden Mittel und Wege, einander wieder »Genosse« zu nennen – meist allerdings mehr auf der emotionalen Ebene einer gemeinsamen politischen Grundhaltung denn als Aussage über eine klare Verpflichtung. Eines aber ist wohl klar: An ehemalige Genossen, die nun Freunde oder Unterstützer, Kollegen oder Bündnispartner sind, darf man keine allzu hohen Erwartungen stellen.

Das Ende der Welt

Doris Lessings Roman *Das goldene Notizbuch* von 1962 ist die letzte Schilderung vom Ende der Genossenschaftlichkeit, der ich mich zuwenden möchte. Vor dem Hintergrund ihrer Erfahrung als Mitglied der Kommunistischen Partei Großbritanniens zeichnet die Autorin in ihrem Roman den Niedergang und Exodus nach, der die kommunistische Welt seit 1956 nach den Enthüllungen Chruschtschows über die Säuberungen, Verhaftungen, Lager und Hinrichtungen unter Stalin erfasste. Das Lessing'sche Szenario besteht aus Erschöpfung, Zynismus, Hoffnungslosigkeit und Verwirrung: Wenn du nicht mein Genosse bist, wenn es überhaupt keine Genossen gibt, kann ich nicht mehr erhoffen als einen müden, alten Liberalismus. Und angesichts der Psychose, die mit dem Zusammenbruch der Partei einsetzt, erscheint selbst dieser kleine Wunsch unmöglich. Ganz ähnlich wie James bei seinem Austritt aus der *Correspondence* beschreibt Lessing ihr Ende der Genossenschaftlichkeit als die Zersetzung einer gemeinsamen Sprache und Auffassung von der Bedeutung der Wörter sowie deren Beziehung zur Welt. Sie treibt diesen Gedanken noch weiter, indem sie den Vertrauensverlust gegenüber der Partei als Psychose beschreibt. Im Unterschied zur Abkehr – wo eine symbolische kommunistische Welt weiterhin besteht, auch wenn man selbst nicht mehr dazugehört – zeichnet Lessing ein Bild, in dem die symbolische Ordnung zusammengebrochen ist: ein Bild vom Ende der Welt.

Das goldene Notizbuch unterteilt sich in den Kurzroman »Ungebundene Frauen«, der in fünf Abschnitte gegliedert ist, und in vier farblich differenzierte Notizbücher: schwarz, rot, gelb und blau. Eine der Hauptfiguren von »Ungebundene Frauen«, Anna Wulf, ordnet ihre Gedanken in verschiedenen Notizbüchern, »weil sie, wie sie erkennt, die Dinge voneinander getrennt halten muß, aus Furcht vor dem Chaos, vor Formlosigkeit – vor dem Zusammenbruch.«[361] Die Chaosabwehr ist die Lebensaufgabe, vor die sich Anna zu Beginn der 1950er-Jahre gestellt sieht, als der Zynismus in der Partei zu- und ihre emotionale Bindung an die Partei abnimmt. Nach dem vierten Abschnitt von »Ungebundene Frauen« und je vier Eintragszyklen in den Notizbüchern beginnt Anna mit dem goldenen ein letztes Notizbuch. Das goldene Notizbuch soll die zerstreuten Themen der anderen vier bündeln, soll die Splitter und Einzelteile verschmelzen. Dieses Verschmelzen beschreibt Annas psychotischen Zusammenbruch, ebenso wie das Ende einer Beziehung und den Schritt zurück in Richtung Schreiben.

»Ungebundene Frauen« beginnt 1957 in einer Londoner Wohnung mit einem Gespräch zwischen Anna, Autorin eines Debüterfolgs, und ihrer Freundin Molly, einer unbedeutenden Schauspielerin, die gerade von einer einjährigen Europareise zurückgekehrt ist. Mollys Ex-Mann Richard taucht in der Wohnung auf, um sie wegen ihres zwanzigjährigen Sohnes Tommy zu beschwatzen. Richard verträgt es schlecht, dass Tommy »›unter einer Willenslähmung‹« leidet:[362] Tommy mag keine der Berufschancen ergreifen, die sein Vater ihm eröffnet hat, »›er wollte nicht nach Oxford, und jetzt sitzt er herum, brütet‹«.[363] Richard führt Tommys Unwohlsein auf den Zusammenbruch der Kommunistischen Partei zurück und erklärt an Molly gewandt:

> »Es ist dir wohl noch nicht in den Sinn gekommen, daß die wirkliche Schwierigkeit mit Tommy die ist, daß er sein halbes Leben lang von Kommunisten oder sogenannten Kommunisten umgeben war – die meisten Leute, die er kannte, waren auf die eine oder andere Weise damit verbunden. Und jetzt verlassen sie alle die Partei oder haben sie bereits verlassen – meinst du nicht, daß das irgendeine Auswirkung gehabt haben könnte?«[364]

Molly stimmt zu; natürlich war ihr das in den Sinn gekommen. Die Auswirkungen der weltweiten Ereignisse im letzten Jahr – Chruschtschows Rede, der Einmarsch in Ungarn, die Suez-Krise – waren schwerwiegend. Auch Anna meint, »›daß es keine einfache Zeit ist, um Sozialist zu sein‹«.[365] Richard lässt nicht locker: »›Und was jetzt? Rußland ist in Ungnade gefallen, um welchen Preis für die Genossen jetzt? Die meisten von ihnen haben Nervenzusammenbrüche oder verdienen eine Menge Geld, soweit mir bekannt ist.‹«[366] Zusammenbruch oder Kapitalismus – vor dieser Alternative stehen viele, die die Partei nach Chruschtschows Enthüllungen verlassen haben: Nur diese ungangbaren Wege standen ihnen offen in einer Welt, die im Chaos versinkt. Zusammenbruch und Kapitalismus bestimmen auch unsere Gegenwart voller Angst, Depression und Verzweiflung angesichts der Extreme des Klimawandels und der Ungleichheit sowie auch der Sorge, dass wir uns das Leben nicht mehr leisten können. Zusammenbruch und Kapitalismus: unsere Welt der Überlebenden und der Systeme.

Die Prinzipien, die zuvor die Parteiarbeit bestimmt hatten, und die Disziplin, die den Kadern Sicherheit gegeben und vermittelt hatte, was sie von ihren Genossen erwarten können, erregten nur mehr Abscheu oder auch (wie bei Molly) Langeweile. Mit kommunistischer Politik hat Molly erklärtermaßen abgeschlossen:

> »Vor zwei oder drei Jahren habe ich mich schuldig gefühlt, wenn ich nicht meine ganze Freizeit damit verbracht habe, dies oder jenes zu organisieren. Jetzt fühle ich mich überhaupt nicht schuldig, wenn ich einfach meine Arbeit mache und die restliche Zeit herumfaulenze. Es liegt mir nichts mehr daran, Anna. Einfach gar nichts mehr.«[367]

Molly hat sich von der Partei und ihren früheren Genossen bereits distanziert. Früher konnte man sie immer »davonstürzen sehe[n], um etwas zu organisieren, voller Lebendigkeit und Enthusiasmus«.[368] Nun verspürt sie keinerlei Verpflichtung mehr, die politische Arbeit fortzusetzen. Anna spürt dagegen noch immer ein Band oder eine Verbindung zu den Menschen, die sie als Genossen betrachtet. Gleichzeitig ist sie erschöpft, verwirrt und unsicher – vollkommen damit beschäftigt, zu begreifen, »›daß der große Traum zerronnen ist‹«.[369]

Das rote Notizbuch enthält Annas Überlegungen zur Kommunistischen Partei Großbritanniens. Der erste Eintrag datiert auf den 3. Januar 1950, kurz bevor Anna in die Partei eintritt, wo man schon sehr interessiert ist, »›den ersten Intellektuellen kennenzulernen, der seit Beginn des Kalten Krieges bereit ist, in die Partei einzutreten.‹«[370] Molly ist schon Mitglied, und Anna fühlt sich hingezogen zu der »freundschaftliche[n] Atmosphäre, die unter Leuten herrscht, die für ein gemeinsames Ziel arbeiten.«[371] Doch Anna zögert, Mitglied einer Organisation zu werden, die sie für unaufrichtig hält. Dennoch tritt sie bei, vor allem aufgrund der gemischten Gefühle, die in ihr aufsteigen, wenn sie die Parteizentrale mit den »kleinen Büros hinter einer eisenverkleideten Glasfassade« sieht, »zwei Empfindungen« also: »Angst, die Welt der Gewalt. Und Beschützenwollen – die Notwendigkeit, eine Organisation zu beschützen, nach der die Leute mit Steinen schmeißen.«[372] Wegen dieses Gefühls der Angst denkt Anna darüber nach, warum sich Menschen der Kommunistischen Partei Großbritanniens anschließen, wobei »es in England schwierig ist, die Realitäten von Macht und Gewalt vor Augen zu haben; repräsentiert die KP für sie also die Realität der nackten Gewalt, die in England selbst bemäntelt wird?«[373] Der Kampf ist real – auch in England. Ein Beschützerinstinkt weckt in Anna den Wunsch, die Sowjetunion vor den Angriffen zu schützen, die sie aus der Zeitung und von nicht-kommunistischen Kollegen kennt. In den nächsten Jahren macht Anna nur wenige Einträge in das rote Notizbuch. Ihr fällt auf, dass die meisten ihrer Kommentare zur Partei kritischer Natur sind – und doch bleiben Molly und sie zunächst Mitglied.

In Annas blauem Notizbuch, das einem Tagebuch ähnelt, drückt sich in einer Notiz über die Sitzung mit ihrer Psychotherapeutin ihre Unentschiedenheit gegenüber der Partei aus. Auf die Frage ihrer Therapeutin, warum sie Kommunistin sei, antwortet Anna: »›Zumindest glauben sie doch an etwas‹«, das Gespräch geht weiter:

> »Warum sagen Sie *sie*, wenn Sie Mitglied der Kommunistischen Partei sind?« »Wenn ich *wir* sagen könnte, und zwar mit Überzeugung, dann wäre ich doch nicht hier, nicht wahr?« »Also liegt Ihnen nicht wirklich an Ihren Genossen?« »Ich komme mit allen gut aus, wenn Sie das meinen.« »Nein, das meine ich nicht.«[374]

Anna erzählt ihrer Therapeutin, sie schwanke gegenüber der Partei zwischen Furcht und Hass und klammere sich verzweifelt an sie: »›Aus dem Bedürfnis, sie zu schützen und mich um sie zu kümmern‹«.[375] Was sie an der Partei abstößt, bindet sie gleichzeitig an die Partei. Bevor wieder persönliche Schilderungen folgen, finden sich in dem blauen Notizbuch Zeitungsausschnitte, die lange Jahre internationaler Spannungen und Schrecken dokumentieren: der Krieg in Korea, die Detonation der Wasserstoffbombe, die antikommunistische Hexenjagd in den Vereinigten Staaten, die Säuberungen im Ostblock und so weiter. Die Kommunistische Partei ist schrecklich, und doch scheint sie die einzige Schranke gegen einen atomaren Erstschlag der USA zu sein. Großbritannien testet die Atombombe. Der McCarran Act ermächtigt den US-Justizminister und Generalstaatsanwalt zum Aufbau von Haftanstalten für Menschen, die der Verschwörung oder Spionage verdächtig sind. Der Mau-Mau-Aufstand fordert die britische Kolonialherrschaft in Kenia heraus. In Prag werden kommunistische Spitzenfunktionäre gehängt.[376] Die Partei verteidigt die Sowjetunion um jeden Preis und bietet daher keinen Raum für ein Ringen mit der Wahrheit der Welt. Doch ohne die Partei erscheint die Welt verlassen, sinnlos und bloß eine liberale Fassade für Imperialismus, Autoritarismus und Kolonialismus.

Im zweiten Abschnitt von »Ungebundene Frauen« macht Tommy Anna Vorwürfe. Er wirft ihr und seiner Mutter Molly vor, alle Aktivitäten aufzugeben, die sie als Mitglieder der Kommunistischen Partei jahrelang so stark in Anspruch genommen hatten. Anna erwidert, man könne von reifen Frauen nicht erwarten, dass sie »›von jugendlichen Gewißheiten, Slogans und Kampfrufen erfüllt sind.‹«[377] Doch ihr missfallen die Worte aus dem eigenen Mund: »Ich klinge wie ein müder, alter Liberaler.«[378] Tommy erinnert Anna, sie habe »›mal nach einer Philosophie gelebt‹«, und spottet über ihre Wortwahl: »›der kommunistische Mythos‹« – er will von ihr wissen, was nun ihr Leben ausmache.[379] Anna antwortet positiv und hoffnungsvoll. Sie beschreibt eine Welt, die sich vorwärtsbewegen könne, und einen weiterhin lebendigen Traum für eine neue Generation. Tommy erklärt unmissverständlich, dass er zu dieser Generation nicht gehören werde. Er erschießt sich. Der zweite Abschnitt endet mit der Aussicht, dass Tommy noch vor Morgengrauen stirbt.

Das rote Notizbuch setzt im August 1954 wieder ein: Anna erzählt ihrem Liebhaber Michael, dass sie darüber nachdenkt, aus der Partei auszutreten. Dieser erwidert, Anna höre sich so an, als würde ihr Parteiaustritt sie »›geradewegs in einen Sumpf moralischer Verworfenheit führen‹«. Das erscheint ihm freilich absurd: »›Tatsache ist aber, daß buchstäblich Millionen völlig vernünftiger menschlicher Wesen aus der Partei ausgetreten sind (wenn sie nicht vorher schon umgebracht wurden) und daß sie ausgetreten sind, weil sie Mord, Zynismus, Entsetzen, Verrat hinter sich lassen wollten.‹«[380] Die Tatsache dieser Austritte ändert nichts an den Auswirkungen, die die Zerrüttung der Partei auf ihre Mitglieder hat, oder daran, dass die Auflösung ihrer Bedeutungsstruktur das Ende der Welt markiert. Davon abgesehen offenbart sie den inneren Sprachverfall, der für die Zersplitterung der Partei symptomatisch ist. Was heißt es im Angesicht von Mord, Zynismus, Entsetzen und Verrat, Genosse zu sein? Heißt das Verstellung und Scheinheiligkeit – die pflichtschuldige Verteidigung von Praktiken, die man für falsch hält, im Namen eines Ziels, von dessen Richtigkeit man überzeugt ist?

Ein späterer Eintrag in dem roten Notizbuch weist zurück ins Jahr 1952, zu einem »Treffen der Schriftstellergruppe«. Dieser Rückgriff straft die hoffnungsvolle Linearität in Annas Antwort gegenüber Tommy Lügen: Das Leben ist nicht besser geworden, Genosse. Der Eintrag befasst sich mit Veränderungen der Sprache, mit widersprüchlichen Modalitäten von Bedeutung und Tonfall. Die Schriftstellergruppe versucht vergeblich, einen unlesbaren Text Stalins zur Sprachwissenschaft zu debattieren.[381] In der Gruppe bemerkt Anna einen Ton, der ihr Unbehagen bereitet und der wohl eine Art Entschuldigung sein soll: »›Natürlich muß man daran denken, daß ihre Gesetzestradition ganz anders ist als die unsere‹«.[382] Schließlich ertappt sie sich selbst bei solchen Äußerungen und fängt an »zu stottern. Für gewöhnlich stottere ich nicht«.[383] Anna erwähnt auch einen zunehmend vertrauten Zustand:

> Wörter verlieren plötzlich ihre Bedeutung. Ich ertappe mich dabei, wie ich einem Satz, einem Ausdruck, einer Wortgruppe zuhöre, als wären sie aus einer fremden Sprache – die Kluft zwischen dem, was sie sagen sollen und was sie in Wirklichkeit sagen, scheint unüberbrückbar.[384]

Die Genossen können nicht aussprechen, was sie alle für wahr halten: Stalins Text ist ein Symptom »für die allgemeine Unsicherheit über Sprache.«[385] Doch als Genossen können sie nicht mehr miteinander sprechen. Sie sind in einer Lage gefangen, in der die Worte, die sie sagen können, nicht ausdrücken, was gesagt werden muss. Anna bemerkt:

> Obwohl ich sehr wohl bereit bin, zu glauben, daß er [Stalin] ein Verrückter und ein Mörder ist [...], höre ich es gern, wenn in diesem natürlichen, freundlichen, respektvollen Ton über ihn geredet wird. Es mag paradox klingen, aber wenn dieser Ton abgelegt werden würde, würde etwas sehr Wichtiges mit über Bord gehen, der Glaube nämlich an die Möglichkeiten der Demokratie, der Anständigkeit. Ein Traum wäre tot – zumindest für unsere Zeit.[386]

Ein respektvoller Ton verweist auf Genossenschaftlichkeit, darauf, dass man auf derselben Seite steht. Das ist nicht das Gleiche wie ein entschuldigender Tonfall. In respektvollem Ton von Stalin zu sprechen heißt nicht, dass man Stalinist ist. Es ist kein Beleg dafür, dass man die Säuberungen und Lager rechtfertigen und entschuldigen will, sondern dass man überzeugt ist vom kollektiven Kampf für eine bessere Welt. Der Punkt ist der, und das müssen selbst antistalinistische Skeptiker gelten lassen: Das Ende des sozialistischen Experiments im 20. Jahrhundert besiegelte das Ende der Demokratie. Der respektvolle Ton ging über Bord. Der Traum von der emanzipierten Gleichheit war ausgeträumt.

In ihren Einträgen im blauen Notizbuch von September 1954 schildert Anna ihren langen Weg zu der Entscheidung, die Partei zu verlassen. Sie wird sie vermissen, das ist ihr klar: »die Gesellschaft von Leuten, die immer in einer Atmosphäre gelebt haben, in der es als selbstverständlich gilt, daß das Zentrum ihres Lebens eine bestimmte Philosophie ist.«[387] Sie bedauert die bevorstehende Trennung von ihrem Freund, Kollegen und Genossen Jack, der »ein ›guter Kommunist‹« ist.[388] Wenn sie sich in Zukunft treffen, werden sie bald Fremde sein.[389] Doch vieles kann sie nicht länger ertragen: »die sich ständig verschlechternden Wertmaßstäbe der Partei« oder auch die »›intellektuelle Verrottetheit‹«, mit der die Partei schlechte Bücher herausbringt, in denen sich die Lügen spiegeln, die sie sich selbst erzählt.[390] Anna hat genug vom Mythos über das Wesen und Tun der Kommunistischen Partei Großbritanniens, den die Partei immer noch glaubt. Als Lektorin des Parteiverlags hat sie mit einer erdrückenden Menge blutleerer Texte zu tun. Sie findet die Geschichten und Romane so nichtssagend wie unpersönlich und gelangt zu der Überzeugung, dass wahre Kunst »aus echtem persönlichen Gefühl« entsteht.[391] Diese Überzeugung nimmt ihr die Kraft, ihre Parteiarbeit zu erledigen und Kunstvorträge zu halten. Für gewöhnlich zielten ihre Vorträge auf eine Kritik am Egoismus der bürgerlichen Kunst. Während einer solchen »Vorlesung«, die sie mehrere Monate vor ihrem Austritt aus der Partei hält, fängt sie abermals »an zu stammeln und konnte sie nicht beenden«. Anna fährt fort: »Ich habe keine Vorlesungen mehr gehalten. Ich weiß, was das Stammeln bedeutet.«[392] Jack räumt ein, die kommunistische Kunst sei größtenteils schlecht. Er meint aber, soziale Kunst brauche Zeit – nicht individuelle Empfindsamkeit: »›es hat etwas sehr Arrogantes, wenn man auf dem Recht, im Recht zu sein, beharrt.‹«[393] Doch Anna spürt schon die Trennlinie zwischen ihnen. Der Entschluss, die Partei zu verlassen, ist eine Folge, nicht die Ursache der aufgelösten Verbindung zwischen Worten und Bedeutung. Diesen Verlust verspürt sie sogar im Gespräch mit Jack: »die Wörter verlieren ihre Bedeutung«, Anna hört ihrer beiden Stimmen, aber die Wörter »bedeuten überhaupt nichts«.[394] Anstelle der Wörter sieht sie Bilder – »Szenen von Tod, Folter, Kreuzverhör und so weiter« –, die in keiner Verbindung zu den verwendeten Worten stehen, sondern zu der Wirklichkeit, die sie verleugnen.[395]

Im dritten Abschnitt von »Ungebundene Frauen« wird klar, dass Tommys Selbstmordversuch gescheitert ist. Er lebt – als Blinder, als beherrschende »allbewußte Gegenwart« in Mollys Haus.[396] Molly ist gefangen, von ihrem Sohn und von ihrer neuen Auffassung, das Leben bestehe darin, »›sich an Dinge [zu] gewöhnen, die wirklich unerträglich sind …‹«[397] Obwohl Tommy seit dem Verlust seines Augenlichts langsam und vorsichtig, wie »›eine Art Zombie‹« ist, scheint er glücklich: »›er ist zum erstenmal in seinem Leben wie aus einem Guß.‹« Doch Molly erschrickt über ihre Worte, denn die stehen der »Wahrheit seiner Verstümmelung entgegen.«[398] In Wahrheit ist es so: »›Er genießt es.‹«[399] Tommy findet sich nicht mehr genötigt, eine Wahl zu treffen und vorwärts zu kommen. Er kann bleiben, wo er ist, und diesen Raum ganz ausfüllen, ohne ihn analysieren, verstehen oder sehen zu müssen. Seine Blindheit scheint Tommy die Fähigkeit zu verleihen, Molly in eine Mutterrolle zu zwingen und mit einer kindlichen Ganzheit zu umfangen, die ihn auf Kosten ihres Elends vervollkommnet. Im Lacan'schen Duktus steht Tommys Verlust der Sehkraft für den Verlust des Symbolischen und für die Formlosigkeit, die mit dem Verschmelzen des Imaginären und des Realen einhergeht. Aber Molly und Tommy bleiben nicht miteinander verflochten. Er bindet sich an die Stiefmutter, später an eine Ehefrau, und gleitet ab in die inkohärente, unförmige Politik spontaner Massen und expressiver Studenten.

Annas blaues Notizbuch nimmt das Motiv der Formlosigkeit auf. Sie spürt sich zusammenbrechen: »Worte bedeuten nichts«, sie existieren zunehmend bloß als »eine Reihe bedeutungsloser Klänge wie Kindergelall«.[400] Schreibt Anna Wörter nieder, so lösen sie sich in Bilder ohne jeden Bezug auf. Sie hat Angst. Sie datiert ihre Einträge nicht mehr, als hätte der Kalender selbst sein Organisationsvermögen eingebüßt. Und Anna verliebt sich in Saul Green, einen amerikanischen Sozialisten, der bei ihr einzieht und selbst vor dem Zusammenbruch steht. Im Gespräch mit Anna redet Saul zwanghaft, ohne etwas zu sagen – und Anna bemerkt, »daß ich auf das Wort *Ich* dabei achtete. Ich, Ich, Ich, Ich, Ich – ich hatte das Gefühl, als würde ich mit dem Wort ›Ich‹ wie mit Patronen [sic] aus einem Maschinengewehr beschossen.«[401] Dieses zwanghafte Gerede, dieses Ich, Ich, Ich, Ich, Ich ist ein Zeichen für Sauls Wahnsinn. Seine Worte tragen manchmal Züge eines politischen Duktus, den Anna nach Zeit und Strömung verorten kann: »Trotzkist, Amerikaner, frühe fünfziger Jahre. Vorzeitiger Anti-Stalinist, 1954.«[402] Anna selbst wird immer kränker, sie ist von Saul besessen und verbringt zunehmend Zeit in Schlaf und Traum. Sie nennen einander nun »Genosse« und gebrauchen das Wort »mit einer ironischen Nostalgie«, aus der »Unglaube und Zerstörung« sprechen.[403] Saul erkennt: »›Ich merke, wenn ich nicht mehr der hundertprozentige Revolutionär bin, dann spalte ich mich auf in all das, was ich hasse.‹«[404] Am meisten wünscht er sich, zu dem Glück einer Zeit zurückzufinden, in der er und andere glaubten, sie könnten die Welt verändern. Saul fängt wieder an mit einem zwanghaften »Ich, Ich, Ich, wie regelmäßig ausgestoßene Maschinengewehrsalven.«[405] Anna schreibt: »Ich hörte zu und auch wieder nicht, wie bei einer Rede, die ich geschrieben hatte und die ein anderer hielt. Ja, das war ich, das war jeder, das Ich. Ich. Ich. Ich bin. Ich bin im Begriff. Ich werde nicht. Ich werde. Ich möchte. Ich.«[406] Irgendwann ruft Saul aus: »›Mein Gott, was haben wir verloren, was haben wir verloren, was haben wir verloren; wie kommen wir da je wieder hin, wie kommen wir da wieder hin.‹«[407] Dann verfällt er wieder ins Ich, Ich, Ich, Ich, und Anna krümmt sich zu einem schmerzenden und betrunkenen Muskelknäuel zusammen. Das Notizbuch endet damit, dass sie beide als Schriftsteller weiterarbeiten, kleinlauter und beschädigt zwar, aber am Leben – mit der schwachen Hoffnung auf ein System, das ihr vermindertes Verständnis- und Veränderungsvermögen übersteigt.

Im letzten Abschnitt von »Ungebundene Frauen« steht Anna am Beginn ihrer Beziehung mit Saul. Während sich ihre Geisteskrankheit verschlimmert, schneidet sie wie besessen Zeitungsartikel aus und hängt sie an die Wand, sucht jeden Tag nach einer Ordnung, einem Muster oder einer Form für all die Geschehnisse. Ohne die Partei und den Kommunismus, die ihr Sinn und Struktur bieten, hat Anna keine Ahnung, wie sie die Welt verstehen soll. In einer Art rückwirkender Vorwegnahme des Maschinengewehreffekts von Sauls »Ich, Ich, Ich, Ich« erscheint es Anna, als ob ihr »Bewußtsein ein zentraler Punkt wäre, der von einer Million unkoordinierter Fakten angegriffen wird, und als ob dieser zentrale Punkt verschwinden würde, wenn sie sich als unfähig erwiese, die Fakten abzuwägen und auszubalancieren, sie alle zu berücksichtigen.«[408] Wie wir aus dem vorherigen Notizbuch wissen, wird es ihr nicht gelingen, sich als zentralen Punkt ihres Bewusstseins zusammenzuhalten. Sie versinkt zunächst in eine Psychose und beginnt dann wieder mit dem Schreiben.

Tommy wird schließlich Geschäftsmann, wie sein Vater Richard, und rechtfertigt seinen Entschluss mit dem Gedanken, »›daß die Welt durch die Bemühungen der progressiven Großunternehmen und dadurch, daß sie auf die Ministerien Druck ausüben, verändert werden wird.‹«[409] Molly heiratet wieder. Anna arbeitet als Eheberaterin. Als hätte Lessing den Thatcherismus vorausgeahnt: »Es gibt keine Gesellschaft. Es gibt nur einzelne Frauen und Männer, und es gibt Familien«.[410] Der Verlust der Partei, der organisierenden Rolle des Kommunismus im Alltag des 20. Jahrhunderts ist der Verlust eines Blickwinkels, von dem aus Gesellschaft sichtbar wird. Tommy und seine Generation können die Welt nicht so sehen, wie Anna und seine Mutter sie sahen. Frühere Genossen wenden sich dem Privatleben zu, während Raum und Möglichkeit der Politik zusammenschrumpfen auf Ethik und Wirtschaft, auf Überlebende und Systeme.

Die Welt, wie Lessing sie darstellt, ist die Welt der Linken nicht nur nach 1956, sondern auch nach 1968 und nach 1989. Es ist unsere Welt, die anscheinend selbst für einen müden, alten Liberalismus zu erschöpft ist. Das Ende der Genossenschaftlichkeit ist das Ende der Welt: Bedeutungslosigkeit, Inkohärenz, Wahnsinn und das unsinnige, verwirrende Beharren auf dem Ich.

Manchmal werde ich gefragt, ob es im Kommunismus noch Genossen gibt. Bei der Welt, in der wir leben, finde ich die Frage entweder fürchterlich theoretisch oder schlicht verlogen – der Kommunismus scheint so weit weg, ist das jetzt wirklich unser Problem? Hinter der Frage steht natürlich die Vorstellung, dass wir keine Genossen mehr sind, sobald der Kampf vorbei ist, weil es dann keine zwei Seiten mehr gibt. Mutmaßlich sind dann einfach alle Menschen Genossen. Wie ist das aber zu verstehen, wenn jeder, aber nicht alle Genosse sein können? Der Denkfehler besteht darin, den Kommunismus als Ende der Geschichte zu begreifen und nicht als die geschichtliche Bedingung der Möglichkeit – jener Möglichkeit, die wir benötigen, wenn es so etwas wie Geschichte zukünftig noch geben soll. Die Probleme der Welt können nur durch den Kommunismus angegangen werden, von Genossen – Klassenkampf ist heute der Kampf um die Zukunft überhaupt. Der Kapitalismus kann mit dem Klimawandel oder den damit einhergehenden Wanderungsbewegungen und Auseinandersetzungen um Ressourcen nicht anders umgehen als mittels Militarismus, Grenzmauern und Massenmord. Gleichzeitig birgt die Genossenschaftlichkeit auch Risiken. Sie ist keine Zauberlösung für alle Probleme der Linken oder gar der Welt. Doch sie ist die einzige Form, wie diese Probleme überhaupt gelöst werden *können*. Andernfalls sind wir verurteilt zu dem Konkurrenzgebaren, Individualismus, Zynismus und der Trübsal, in die wir hinabgesunken sind. Um überhaupt eine Linke zu sein, müssen wir Genossen sein. Wenn ich bedenke, dass die Frage zur Existenz von Genossen nach der Einführung des Kommunismus tatsächlich von Genossen kommt, kann ich sie bestätigen und auf ihre Hoffnung und ihr Begehren bauen – denn die Frage setzt voraus, dass wir gewinnen. Sie orientiert sich am Sieg des Kommunismus und begehrt unablässig die Form und Beziehung, die ihn möglich macht: die Genossen.

Danksagung

Wirklich allen Menschen zu danken, die zu diesem Buch beigetragen haben, ist eine überwältigende Aufgabe. Jeder Satz baut auf Einsichten aus der Zusammenarbeit mit Anderen, auch namentlich unbekannten, auf. Besonders dankbar bin ich für die großartige Unterstützung der Leiter und Teilnehmer des jährlichen Radical Critical Theory Circle auf Nisyros, Griechenland, für die vielfältige kollegiale Vermittlung, dank derer ich Teile des Buches in Vorträgen und Lesungen vorstellen konnte, und für die soliden Kenntnisse der Aktivisten und Organisatorinnen der Geneva Women's Assembly (New York). Mein besonderer Dank gilt Paul Apostolidis, Maria Aristodemou, Bernard Aspe, Albena Azmanova, Darin Barney, Paul Buhle, Maria Chehonadskih, Carl Davidson, Alla Ivanchikova, Andreas Kalyvas, Kian Kenyon-Dean, Regina Kreide, Rob Maclean, Artemy Magun, James Martel, Korinna Patelis, Alexei Penzin, Kenneth Reinhard, David Riff, Corey Robin, Marcela Romero-Rivera, Laura Salamendra, Christian Sorace und Oxana Timofeeva. Danken möchte ich auch Hannah Dickinson, Kai Heron und Sadie Kenyon-Dean sowie meiner Lektorin Rosie Warren für ihre Hinweise zum Manuskript. Wie immer, verspüre ich eine unermessliche Dankbarkeit für die Geduld und Liebe meines Partners, Paul Passavant.

Anmerkungen

1 *Time*-Redaktion: »Here's the Full Transcript of President Obama's Speech at the White House Correspondents' Dinner«, in: *Time*, 1. Mai 2016, auf time.com.

2 Im Folgenden eine Anmerkung des Übersetzers: Nur zusammen mit »Kamerad« deckt »Genosse« das Bedeutungsfeld von *comrade* ab, damit verhält es sich hier ähnlich wie etwa im Italienischen und im Spanischen. Die von Jodi Dean für *comrade* beschriebene Ableitung führt im Deutschen zu »Kamerad«; verstärkt im Gebrauch seit dem 17. Jh., ist das Wort noch heute soldatische Anrede, und »Kameradschaft im Sinne gegenseitiger Hilfsbereitschaft und Fürsorge gehört zu den Berufspflichten der Bundeswehrsoldaten«. Das ältere, sehr viel gebräuchlichere »ginôz« bezeichnet in der Ausgangsbedeutung jemanden, »der das Vieh gemeinsam hat«, steht in Verbindung zu »genießen« (ursprünglich juristisch »mitbesitzen«) und entwickelt den »begriffskern [...], dasz nämlich die genossen einander eigentlich gleich sind in ihrem rechts- und lebenskreise« (sic). Mit Entstehung der modernen Arbeiterbewegung findet es, nicht ausschließlich, aber auch hier Eingang als Anrede und Bezeichnung (u. a. neben »Bruder« und »Bürger«). Infolge der Vereinnahmung durch rechtskonservative Kräfte im 20. Jh. (Freikorps etc.) sowie der pazifistisch-zivilen Sozialisierung nach 1945 / 1968 dürften »Kamerad« und insbesondere »Kameradschaft« im linken politischen Kontext bestenfalls veraltet wirken – so etwa im *ABC des Kommunismus*: »Eine solche Gesellschaft, in der es keine Klassen gibt und in der die ganze Produktion organisiert ist, kann nur eine kameradschaftlich arbeitende, kommunistische Gesellschaft sein.« Dennoch müssen beide Wörter im vorliegenden Text gegebenenfalls wenn nicht als synchron, so doch als synonym angesehen werden. Dies ergibt sich auch aus der Rücksicht auf *comradeship*, was sich schlechterdings nicht mit »Genossenschaft« (*cooperative*) ins Deutsche übersetzen lässt. Auf den ersten Blick überzeugend erscheint der Begriff eines sozialistischen »Rechtsprinzips der Genossenschaftlichkeit als *gleichberechtigter Entscheidungsteilhabe*«, das von Hermann Cohen Ende des 19. Jh. entwickelt wurde. Zwar könnte seiner Verwendung der Revisionismusstreit der deutschen Sozialdemokratie entgegenstehen, in dessen Zuge Eduard Bernstein den Sozialismus als »Bewegung zur Genossenschaftlichkeit« definierte und mit einer linksliberalen Vertragsidee verschmolz; darüber allerdings wollen wir hier mit gut einem Jahrhundert Abstand hinwegsehen. Auch aufgrund der gruppensoziologischen und sozialpsychologischen Implikationen, die Jodi Dean mit *comradeship* verknüpft, ist daher hier von »Genossenschaftlichkeit« die Rede, die eindeutig der emanzipatorischen Politik zugeordnet und auch hierzulande empathisch aufgegriffen werden kann. (Friedrich Kluge: *Etymologisches Wörterbuch der deutschen Sprache*. Neu bearb. v. Elmar Seebold. Berlin / New York: de Gruyter [22]1989 [1883], S. 350, 258. Thomas Kühne: *Kameradschaft. Die Soldaten des nationalsozialistischen Krieges und das 20. Jahrhundert.*

Göttingen: Vandenhoeck & Ruprecht 2006, S. 13 ff., vgl. S. 58 ff. Zu »Genosse«, das Grimm'sche *Deutsche Wörterbuch* [1897] auf dwds.de. Herbert Bartholmes: *Bruder, Bürger, Freund, Genosse und andere Wörter der sozialistischen Terminologie. Wortgeschichtliche Beiträge*. Wuppertal-Barmen: Hammer 1970, S. 175 ff. Nikolaj Bucharin / Jewgenij Preobraschenkij: *Das ABC des Kommunismus. Populäre Erläuterung des Programms der Kommunistischen Partei Russlands [Bolschewiki]*. Zürich: Manesse 1985, Orig. v. 1920, Übers. ungenannt [1920], S. 133. Thomas Meyer: »Kant und die Links-Kantianer. Liberale Tradition und soziale Demokratie«. In: *Kant im Streit der Fakultäten*. Hrsg. v. Volker Gerhardt. Berlin / New York: de Gruyter 2005, S. 171–187, hier S. 178. Markku Hyrkkänen: »Die allseitige Durchführung der Genossenschaftlichkeit. Eduard Bernsteins Vertragssozialismus«. In: *Soziale Demokratie und sozialistische Theorie*. Hrsg. v. Inge Marßolek / Till Schelz-Brandenburg. Bremen: Edition Temmen 1995, S. 18–29, hier S. 18.)

3 Juan A. Herrero Brasas: *Walt Whitman's Mystical Ethics of Comradeship*. Albany (NY): SUNY Press 2010, S. 85 f. (Herrero Brasas zitiert Marian Stein; Anm. d. Übers.)

4 Siehe den Wörterbucheintrag »camarade« auf en.wiktionary.org.

5 Für den Hinweis auf diesen Aspekt danke ich Andre Matlock. Siehe auch den Wörterbucheintrag »comrade« auf en.wiktionary.org.

6 Angela Davis: *Mein Herz wollte Freiheit. Eine Autobiographie*. München: Hanser 1975, Orig. 1974, übers. v. Walter Hasenclever, S. 178.

7 Vivian Gornick: *The Romance of American Communism*. New York: Basic Books 1977, S. 110.

8 Freud verwendet »Ich-Ideal« und »Über-Ich« zunächst synonym; in *Das Ich und das Es* (1923) »wird das Ichideal als eine Art Vorläufer des Überich verstanden« (Gerhard Pawlowsky: »Ich-Ideal, Ideal-Ich« [2000]. In: *Wörterbuch der Psychotherapie*. Hrsg. v. Gerhard Stumm / Alfred Pritz. Wien: Springer 2000, S. 291); vgl. ggf. Dylan Evans: *Wörterbuch der Lacanschen Psychoanalyse*. Wien: Turia + Kant 2002, Orig. v. 1996, übers. v. Gabriella Burkhart, S. 139–143. (Anm. d. Übers.)

9 Siehe Slavoj Žižek: »Klassenkampf oder Postmodernismus? Ja, bitte!« In: *Kontingenz, Hegemonie, Universalität. Aktuelle Dialoge zur Linken*. Hrsg. v. Judith Butler / Ernesto Laclau / Slavoj Žižek. Wien / Berlin: Turia + Kant 2013, Orig. v. 2000, übers. v. Sergej Seitz, S. 152 ff.

10 Jodi Dean: *Crowds and Party*. London: Verso 2016, S. 186.

11 Jodi Dean: *Der kommunistische Horizont*. Hamburg: Laika 2016, Orig. v. 2012, übers. v. Andreas G. Förster. Und: Dean, *Crowds*, a.a.O.

12 Karl Marx: »Randglossen zum Programm der deutschen Arbeiterpartei« [Kritik des Gothaer Programms] (1875 / 1891). In: *Marx Engels Werke*, Bd. 19. Hrsg. v. Institut für Marxismus-Leninismus beim ZK der SED. Berlin (Ost): Dietz Verlag, Berlin [9]1987 (1962), S. 21. (Anm. d. Übers.)

13 Man denke an das berühmte Gewerkschaftslied von Florence Reece, »Which side are you on?«, das sie 1931 während eines Streiks in Harlan County (Kentucky) schrieb; es wurde 1967 von Hartmut König als »Sag mir, wo du stehst« für die Agitationsliedgruppe Oktoberklub frei adaptiert. (Anm. d. Übers.)

14 Marx, »Randglossen …«, a.a.O., S. 21 (Anm. d. Übers.)

15 Bernard Aspe: »Conflict of times« (2017). Vortrag auf der internationalen Konferenz *1917/2017. Revolutions, Communist Legacies and Spectres of the Future* an der European University at St. Petersburg, 24.–26. Okt. 2017. Ausgerichtet von Jodi Dean et al. Unter dem französischen Titel »Anachronie« auf ladivisionpolitique.toile-libre.org/anachronie/ (Anm. d. Übers.)

16 Astra Taylor / Keith Gessen / Carla Blumenkranz et al. (Hrsg.): *Occupy! Die ersten Wochen in New York. Eine Dokumentation.* Berlin: Suhrkamp 2011, Orig. v. 2011, übers. v. Frank Born.

17 Jodi Dean schreibt »race and gender«, die hier als oberflächliche, äußerliche Kategorien aufzufassen sind. Es versteht sich von selbst, dass der Begriff »Rasse« gemeinhin »intrinsische kulturelle, soziale oder biologische Unterschiede zwischen Menschen« assoziiert, die eine normative Rangordnung begründen sollen – der Begriff ist folgerichtig wissenschaftlich wie politisch desavouiert, weshalb im Deutschen in aller Regel mit Anführungszeichen eine Distanz markiert wird (sofern er nicht etwa durch »Ethnie« oder hier »Hautfarbe« ersetzt wird). Allerdings sind solche Distanzgänsefüßchen im Englischen nicht nur weniger gängig, auch ist in den USA ein deskriptiver, ja landläufiger Gebrauch des Wortes »race« gang und gäbe. (Anm. d. Übers.; Zitat aus: Patricia Purtschert: *Kolonialität und Geschlecht im 20. Jahrhundert. Eine Geschichte der weißen Schweiz.* Bielefeld: transcript 2019, S. 14, Fn. 22.)

18 Gornick, a.a.O., S. 202, Hervorhebung im Original.

19 Frank B. Wilderson III.: *Incognegro. A Memoir of Exile and Apartheid.* Durham: Duke University Press 2015, S. 275.

20 Ebd., S. 277.

21 Jodi Dean schreibt »joy«, wobei neben »Freude« auch »Vergnügen« (wortgeschichtlich zunächst für Genüge, Befriedigung, Zufriedenheit) und »Genuss« (hier im Bedeutungsfeld Nutznießung, Nutzen, Gewinn) mitzudenken sind, die einen gewissen Bezug zum Wort »Genosse« haben. (Anm. d. Übers., mit dwds.de.)

22 Wilderson III., a.a.O., S. 464.

23 Kathi Weeks: *The Problem with Work. Feminism, Marxism, Antiwork Politics, and Postwork Imaginaries.* Durham: Duke University Press 2011, S. 204 f.

24 Ebd., S. 206.

25 Timothy Morton: *Hyperobjects. Philosophy and Ecology after the End of the World.* Minneapolis: University of Minnesota Press 2013. Hyperobjekte sind, laut Wikipedia, »Objekte, deren Ausdehnung über das Verständnis von Raum und Zeit hinausgeht« (Anm. d. Übers.).

26 Wendy Brown: »Wounded Attachments«, in: *Political Theory* – 21:3 (Aug. 1993), S. 390–410. Siehe auch Kelleys Kritik daran, dass schwarze Studentenaktivisten die Sprache persönlicher Traumata gebrauchen; Robin D. G. Kelley: »Black Study, Black Struggle«, in: *Boston Review* (7. März 2016), auf bostonreview.net.

27 Jodi Dean: »The Anamorphic Politics of Climate Change«, in: *e-flux* – 69 (Jan. 2016), auf e-flux.com.

28 Jodi Dean: »Communicative Capitalism: Circulation and the Foreclosure of Politics«, in: *Cultural Politics* – 1:1 (2005), S. 51–74.

29 Carl Schmitt: *Der Begriff des Politischen. Synoptische Darstellung der Texte*. Hrsg. v. Marco Walter. Berlin: Duncker & Humblot 2018, Orig. v. 1927, S. 214 u. 215.

30 Ergänzend zu Morton, a.a.O., siehe Benjamin H. Bratton: »Some Trace Effects of the Post-Anthropocene: On Accelerationist Geopolitical Aesthetics«, in: *e-flux* – 46 (Juni 2013), auf e-flux.com.

31 Jennifer M. Silva: *Coming Up Short. Working-Class Adulthood in an Age of Uncertainty*. New York: Oxford University Press 2013. Die beiden Ostküsten-Staaten Massachusetts, Hauptstadt Boston, und Virginia, Hauptstadt Richmond, zählen zu den prosperierenden Gebieten der US-Wirtschaft mit unterdurchschnittlicher Erwerbslosenrate und mit deutlich bzw. leicht überdurchschnittlichem Bruttoinlandsprodukt pro Kopf (Anm. d. Übers., mit Wikipedia).

32 Ich denke hier an Studien über Gattungssterben, Algorithmen, Post-Humanismus und das Schicksal der Erde; siehe beispielsweise die Beiträge in: Richard Grusin (Hrsg.): *After Extinction*. Minneapolis: University of Minnesota Press 2018.

33 Die Rede ist vom 14. Grundgesetz Israels, das im Juli 2018 in Kraft trat – es »ist in Israel wie auch im internationalen Kontext stark umstritten, obwohl es strenggenommen nur wenige Neuerungen enthält.« (Siehe Peter Lintl / Stefan Wolfrum: »Israels Nationalstaatsgesetz. Die Regierung Netanyahu schafft Grundlagen für ein majoritäres System«. Als *SWP-Aktuell* – 50 [2018], hier S. 1, auf swp-berlin.org; Anm. d. Übers.)

34 Jodi Dean: »Faces as Commons: The Secondary Visuality of Communicative Capitalism«, in: *Open! Platform for Art, Culture, and the Public Domain* (31. Dez. 2016), auf: onlineopen.org.

35 Not an Alternative: »Institutional Liberation«, in: *e-flux* – 77 (Nov. 2016), auf e-flux.com. Jonas Staal: »Assemblism«, in: *e-flux* – 80 (März 2017), auf e-flux.com.

36 Hier bilden »kontingent« und »unabänderlich« ein Gegensatzpaar, es ließe sich wohl auch »zufällig« und »zwangsläufig« oder »möglich« und »notwendig« sagen; freilich schwingt auch die strengere Bedeutung von »Kontingenz« mit, wonach »die Grundlagen philosophischer oder politischer Theorien […] niemals fest und a priori gegeben sind, im Sinne naturalisierter und nicht weiter hinterfragbarer Voraussetzungen oder transzendentaler Möglichkeitsbestimmungen.« (Gerald Posselt: »Grundlinien einer Debatte – Einführung zur deutschen Ausgabe« [2013]. In: Butler et al., a.a.O., S. XIV.) (Anm. d. Übers.)

37 Dasselbe gilt wohl auch für die Popularität der Parole »Nevertheless, she persisted« (»Sie hat trotzdem gesprochen«) in den Reihen weißer US-Feministinnen: Sie kam auf, nachdem die Senatorin Elizabeth Warren (Massachusetts) unterbrochen und zur Ordnung gerufen worden war, als sie in der Senatsanhörung vor der Nominierung von Senator Jeff Sessions (Alabama) zum US-Justizminister dessen Verhältnis zu den Bürgerrechten kritisierte. Er wurde trotzdem ernannt.

38 Amélie Lamont: »Guide to Allyship« (2016), auf guidetoallyship.com. Siehe auch Nesrin Kaya: »Was ist eigentlich … Ally sein?« (31. Jan. 2019), auf frauenseiten.bremen.de (Anm. d. Übers.).

39 Meg Cramer: »How to Be a Better Ally: An Open Letter to White Folks«, in: *BuzzFeed-News* (30. Dez. 2015), auf buzzfeednews.com.

40 Karolina Szczur: »Fundamentals of Effective Allyship«, in: *Medium* (12. Feb. 2018), auf medium.com.

41 Jamie Utt: »So You Call Yourself an Ally: 10 Things All ›Allies‹ Need to Know«, in: *everyday feminism* (8. Nov. 2013), auf everydayfeminism.com, Hervorhebung im Original.

42 Ebd., Hervorhebung im Original.

43 Mark Fisher: »Exiting the Vampire Castle«, in: *openDemocracy* (24. Nov. 2013), auf opendemocracy.net.

44 Angela Davis: *Rassismus und Sexismus. Schwarze Frauen und Klassenkampf in den USA*. Berlin (West): Elefanten Press 1982, Orig. v. 1981, übers. v. Erika Stöppler, S. 146.

45 Siehe Arundhati Roy: *Wanderung mit den Genossen. Mit den Guerilleros im Dschungel Zentralindiens*. Frankfurt am Main: Zambon 2011, Orig. v. 2011, übers. v. Einar Schlereth. (Anm. d. Übers.)

46 Alexandra Kollontai: »Zwei Richtungen (Aus Anlaß der Ersten Internationalen Konferenz Sozialistischer Frauen in Stuttgart)« (1907). In: *Der weite Weg. Erzählungen, Aufsätze, Kommentare*. Hrsg. v. Christiane Bauermeister. Frankfurt am Main: Neue Kritik 1979, übers. v. Gertraude Krueger, S. 24, 25.

47 Wladimir I. Lenin: »Thesen zur nationalen Frage« (1913). In: *Lenin Werke*, Bd. 19. Hrsg. v. Institut für Marxismus-Leninismus beim ZK der SED. Berlin (Ost): Dietz ^{6}1977 (1962), S. 239.

48 Clara Zetkin: *Erinnerungen an Lenin* (1924 / 1926). Berlin (Ost): ^{2}1961 (1957), S. 79, auch auf marxists.org.

49 Ebd., S. 80, 81 f.

50 Ebd., S. 82.

51 Barbara Foley: *Radical Representations. Politics and Form in U.S. Proletarian Fiction, 1929–1941*. Durham: Duke University Press 1993, S. 219.

52 Erik S. McDuffie: *Sojourning for Freedom. Black Women, American Communism, and the Making of Black Left Feminism*. Durham: Duke University Press 2011, S. 94.

53 Foley, a.a.O., S. 219.

54 Murray Kempton: *Part of Our Time. Some Ruins and Monuments of the Thirties*. New York: Simon and Schuster 1955, S. 213.

55 Kate Weigand: *Red Feminism. American Communism and the Making of Women's Liberation*. Baltimore: Johns Hopkins University Press 2001, S. 23.

56 McDuffie, a.a.O., S. 130.

57 Ebd., S. 112. Louise Thompson Patterson: »Toward a Brighter Dawn« (1936), in: *Viewpoint Magazine*, 31. Oktober 2015, auf viewpointmag.com.

58 McDuffie, a.a.O., S. 171. Siehe auch Claudia Jones: »An End to the Neglect of the Problems of the Negro Woman!« (1949). In: *Words of Fire. An Anthology of African-American Feminist Thought*. Hrsg. v. Beverly Guy-Sheftall. New York: New

Press 1995, S. 108–123. Zuletzt in: *New Frame* (4. Juli 2019), auf newframe.com (Anm. d. Übers.).

59 Vgl. Friedrich Engels: »Der Ursprung der Familie, des Privateigentums und des Staates« (1884). In: *Marx Engels Werke*, Bd. 21. Hrsg. v. Institut für Marxismus-Leninismus beim ZK der SED. Berlin (Ost): Dietz 1962, S. 25–173. (Anm. d. Übers.)

60 Margaret Cowl: *Women and Equality*. New York: Workers Library Publishers 1935, auf digital.library.pitt.edu.

61 Ebd., S. 8–10.

62 Ebd., S. 14.

63 Siehe McDuffie, a.a.O., S. 118. Sowie die redaktionelle Einleitung zu: Mary Inman: »The Role of the Housewife in Social Production« (1940), in: *Viewpoint Magazine* (Oktober 2015), auf viewpointmag.com.

64 Mary Inman: *In Woman's Defense*. Los Angeles: Committee to Organize the Advancement of Women 1940. (Anm. d. Übers.)

65 Weigand, a.a.O., S. 33.

66 Ebd., S. 35.

67 Ebd.

68 Ebd., S. 37.

69 Ebd., S. 38.

70 Ebd., S. 39.

71 Ebd.

72 Avram Landy: »Two Questions on the Status of Women under Capitalism«, in: *The Communist* – 20:9 (Sept. 1941), S. 818–833, hier S. 822 f.

73 Ebd., S. 823.

74 Weigand, a.a.O., S. 43.

75 Ebd., S. 29.

76 Einleitung zu Inman, »The Role ...«, a.a.O.

77 Landy, a.a.O., S. 821.

78 Substantive weisen im Englischen – anders als im Deutschen – kein Genus auf: Ohne Pronomen ist »comrade« daher geschlechtlich nicht markiert. Eine Äußerung im Singular unterscheidet nicht unbedingt zwischen männlichem »Genossen« oder weiblicher »Genossin« und ist der feministischen Sprachkritik am generischen Maskulinum also weniger zugänglich. Davon abgesehen geht es Jodi Dean um die assoziierten Vorstellungen, man möchte fast sagen: das Imaginäre. (Anm. d. Übers.)

79 Weeks, a.a.O., S. 203.

80 Robin D. G. Kelley: *Hammer and Hoe. Alabama Communists during the Great Depression*. Chapel Hill: University of North Carolina Press 1990, S. 26.

81 Siehe Dayo F. Gore: *Radicalism at the Crossroads. African American Women Activists in the Cold War*. New York: New York University Press 2011.

82 Davis, *Mein Herz*, a.a.O., S. 297.

83 Zetkin, a.a.O., S. 75 f.

84 Auf Deutsch heißt das wahlweise – Lacans schillernde Sprache ist berühmt – »Es gibt kein Geschlechtsverhältnis« oder »Es gibt keinen Geschlechts-

verkehr«. Für erstere Variante siehe Fn. 85, Seminar am 20. Feb. 1973; siehe auch Slavoj Žižek, *Weniger als nichts. Hegel und der Schatten des dialektischen Materialismus*. Berlin: Suhrkamp 2014, Orig. v. 2013, übers. v. Frank Born, S. 1142; für zweitere Alain Badiou / Barbara Cassin: *Es gibt keinen Geschlechtsverkehr. Zwei Lacanlektüren*. Zürich: Diaphanes 2012, Orig. v. 2010, übers. v. Judith Kasper, S. 17 (sowie Nachwort, ebd., S. 122).

85 Vgl. Jacques Lacan: *Encore* (1972–1973). Textherstellung d. Jacques-Alain Miller. Wien / Berlin: Turia + Kant 2015, Orig. v. 1975, übers. v. Norbert Haas / Vreni Haas / Hans-Joachim Metzger, S. 79, 83.

86 Zetkin, a.a.O., S. 76.

87 Ebd., S. 89.

88 Paul M. Heideman (Hrsg.): *Class Struggle and the Color Line. American Socialism and the Race Question, 1900–1930*. Chicago: Haymarket Books 2018. Philip S. Foner: *American Communism and Black Americans. A Documentary History, 1919–1929 / 1930–1934*. Philadelphia: Temple University Press 1987 / 1991. (Anm. d. Übers.)

89 Zur metaphorischen Verwendung von »Bruder« im Deutschen, insofern in der Beispielhaftigkeit für die Idee einer *racial kinship* abweichend, siehe Bartholmes, a.a.O., S. 81 ff. (Anm. d. Übers.)

90 Cedric J. Robinson: *Black Marxism. The Making of the Black Radical Tradition*. Chapel Hill: University of North Carolina Press 2000.

91 Biko Agozino: »The African Paradigm in Capital. The Debts of Karl Marx to People of African Descent«, in: *Review of African Political Economy* – 41:140 (2014), S. 172–184.

92 Davis, *Rassismus*, a.a.O., S. 148. International bekannt wurde Lucy Parsons als (Kampf-)Gefährtin von Albert Parsons, eines der acht anarchistischen Gewerkschafter, die im Zuge des Chicagoer Haymarket-Massakers 1886 verfolgt wurden; sie war 1905 Mitbegründerin der radikalen Gewerkschaft Industrial Workers of the World, arbeitete seit 1925 mit der kommunistischen International Labor Defense (Internationale Rote Hilfe) zusammen und soll 1939 in die CPUSA eingetreten sein (Anm. d. Übers., mit Wikipedia).

93 Ebd.

94 Die Harlem-Renaissance bildete als avantgardistische, modernistisch-multiethnische Kulturbewegung zwischen ca. 1918 und 1937 »zum ersten Mal in großem Ausmaß einen besonderen afroamerikanischen Stil« und Gegenentwurf, auf den spätere Diskurse des schwarzen Bewusstseins aufbauen konnten (Gabriele Dietze: *Weiße Frauen in Bewegung. Genealogien und Konkurrenzen von Race- und Genderpolitiken*. Bielefeld: transcript 2013, S. 187; vgl. Patricia S. Edema: *Bilder des Wandels in Schwarz und Weiß. Afro-amerikanische Identität im Medium der frühen Fotografie* [1880–1930]. Bielefeld: transcript 2011, S. 152.) (Anm. d. Übers.)

95 Mark Solomon: *The Cry Was Unity*. Jackson: University of Mississippi Press 1998, S. 6.

96 Ebd., S. 7.

97 Cyril V. Briggs: »Make Their Cause Your Own« (1919). In: Heideman, a.a.O., S. 240.

98 Robert Whitaker: *On the Laps of Gods*. New York: Three Rivers 2009, S. 47.

99 Ebd., S. 49.

100 Ebd., S. 50.

101 Ebd.

102 Ebd.

103 Cyril V. Briggs: »Bolshevism and Race Prejudice« (1919). In: Heideman, a.a.O., S. 241.

104 Solomon, a.a.O., S. 13.

105 Ebd., S. 16.

106 Wilderson III., a.a.O., S. 383.

107 Ebd.

108 Vgl. Foley, a.a.O., S. 170 f.

109 Wilderson III., a.a.O., S. 132 f.

110 Zit. nach: Mark Naison: »Historical Notes on Blacks and American Communism: The Harlem Experience«, in: *Science & Society* – 42:3 (1970), S. 324–343, hier S. 324.

111 Jones, a.a.O., S. 117.

112 Ebd.

113 Gegründet 1921; nicht zu verwechseln mit der erwähnten, 1933 gegründeten »American Workers Party«. (Anm. d. Übers.)

114 Solomon, a.a.O., S. 21.

115 Ebd., S. 20.

116 Cyril V. Briggs: »Acid Test of White Friendship« (1921). In: Heideman, a.a.O., S. 263.

117 Ebd., S. 264.

118 Ebd., S. 263 f.

119 Ebd., S. 264.

120 Solomon, a.a.O., S. 135.

121 Als »Jim Crow« bezeichnet man das »System aus Vorschriften, Gesetzen, Maßnahmen und Methoden, die die legale Diskriminierung der Afroamerikaner in praktisch allen Bereichen des politischen, sozialen und wirtschaftlichen Lebens billigte[n].« Die gesetzlich verankerte Segregation wurde 1896 höchstrichterlich bestätigt, 1954 für rechtswidrig erklärt und 1964 mit dem Civil Rights Act abgeschafft. (Zitat: Michelle Alexander: *The New Jim Crow. Masseninhaftierung und Rassismus in den USA*. München: Kunstmann 2016, Orig. 2010, übers. v. Gabriele Gockel / Thomas Wollermann [Kollektiv Druck-Reif], S. 7; Anm. d. Übers.)

122 Mark Naison: *Communists in Harlem during the Depression*. New York: Grove Press 1983, S. XV. Auch Nikhil Pal Singh stimmt nicht ein in den Chorgesang von den antikommunistischen Schwarzen, er unterstreicht vielmehr die Bemühungen schwarzer Intellektueller, »einen unabhängigen und eigenen schwarzen Radikalismus zu begründen«; Nikhil Pal Singh: *Black is a Country. Race and the Unfinished Struggle for Democracy*. Cambridge (MA): Harvard University Press 2004, S. 122.

123 Lovett Fort-Whiteman: »The Negro in Politics« (1924). In: Heideman, a.a.O., S. 334.

124 Vgl. Kommunistische Internationale: »Resolution zur Negerfrage« (1922). In: *Die Kommunistische Internationale,* Bd. 2. Nachdr. v. 1923, Übers. ungenannt. Dortmund: Dröge 1978, (Buch 2) S. 52–54. (Anm. d. Übers.)

125 Robinson kritisiert die These als opportunistisch, sie wurzele zudem in einem inkohärenten Nationsbegriff; Robinson, a.a.O., S. 226. Siehe auch Beverly Tomek: »The Communist International and the Dilemma of the American ›Negro Problem‹. Limitations of the Black Belt Self-Determination Thesis«, in: *Working USA. The Journal of Labor and Society* – 15 (2012), S. 549–576.

126 C. L. R. James zit. in: Leo Trotzki: »Self-Determination for the American Negroes« (1939). In: *On Black Nationalism. Documents of the Negro Struggle*. Hrsg. v. George Breitman. New York: Pioneer Publishers 1962, auf marxists.org.

127 James war Mitglied der Socialist Workers Party, später (1940) Mitbegründer der Workers Party und dort (mit Raya Dunayevskaya) Kopf der Johnson-Forest-Strömung – »Johnson« war James' Pseudonym; bekannt ist er auch für sein Buch: *Die schwarzen Jakobiner. Toussaint L'Ouverture und die Unabhängigkeitsrevolution in Haiti.* Köln / Berlin (Ost): Pahl-Rugenstein / Neues Leben 1984, Orig. v. 1938, übers. v. Günter Löffler. (Anm. d. Übers.)

128 Vgl. Josef Stalin: »Marxismus und nationale Frage« (1913). In: *Stalin Werke,* Bd. 2. Hrsg. v. Marx-Engels-Lenin-Institut beim ZK der SED. Berlin (Ost): Dietz [4]1952 (1950), S. 268 ff. Siehe ggf. auch Doris Lindner: *»Schreiben für ein besseres Deutschland«. Nationenkonzepte in der deutschen Geschichte und ihre literarische Gestaltung in den Werken Stefan Heyms.* Würzburg: Königshausen & Neumann 2002, S. 31–39. (Anm. d. Übers.)

129 Harry Haywood: *Black Bolshevik. Autobiography of an Afro-American Communist.* Chicago: Liberator Press 1978, S. 157.

130 Ebd., S. 219. Lenin schreibt von »abhängigen oder nicht gleichberechtigten Nationen«, siehe Wladimir I. Lenin: »Ursprünglicher Entwurf der Thesen zur nationalen und zur kolonialen Frage« (1920). In: *Lenin Werke,* Bd. 31. Hrsg. v. Institut für Marxismus-Leninismus beim ZK der SED. Berlin (Ost): Dietz [3]1966 (1959), S. 136 (Anm. d. Übers.).

131 Haywood, a.a.O., S. 231.

132 Ebd., S. 231 f.

133 Ebd., S. 232.

134 Ebd., S. 229.

135 Ebd., S. 264.

136 Ebd.

137 Ebd., S. 234.

138 CPUSA: »Black Belt Thesis« (*The Daily Worker,* 12. Feb. 1929). In: Heideman, a.a.O., S. 283.

139 Ebd., S. 287.

140 Ebd., S. 286.

141 Solomon, a.a.O., S. 86.

142 Ebd., S. 135.

143 CPUSA, »Black Belt Thesis«, a.a.O., S. 288.

144 Solomon, a.a.O., S. 87.

145 Ebd., S. 128.

146 Ebd.

147 Ebd., S. 144 f.

148 Andrej P. Platonow: *Unterwegs nach Tschevengur*. Darmstadt / Neuwied: Luchterhand 1973, übers. v. Swetlana Geier. Auf Russisch wurde der Roman Чевенгур *(Čevengur)* erst 1972 gekürzt veröffentlicht, eine vollständigere russische Ausgabe erschien 1988. Siehe Fredric Jameson: *The Seeds of Time*. New York: Columbia University Press 1994, S. 79. Vgl. ggf. auch die Neuübersetzung: *Tschewengur. Die Wanderung mit offenem Herzen*. Berlin: Suhrkamp 2018, übers. (u. rev.) v. Renate Reschke (geb. Landa) (1990) (Anm. d. Übers.).

149 Platonow, a.a.O. (1973), S. 270; vgl. Platonow, a.a.O. (2018), S. 393: »die zugezogenen Tschewengurer keinerlei Freude vor sich hatten, und sie erwarteten auch keine und begnügten sich – wie alle besitzlosen Menschen – mit dem Zusammenleben mit andern gleichartigen Menschen, den Gefährten und Kameraden ihrer zurückgelegten Wege.«

150 Isabelle Garo: »Chevengur, the Country of Unreal Communism – The October Revolution Through the Dialectical Art of Andréï Platonov«, in: *Crisis and Critique* – 4:2 (2017), übers. v. Rodrigo Gonsalves, S. 180, auf crisiscritique.org. Hier zit. nach: dies.: »Tchevengour, le pays du communisme irréel. La révolution d'Octobre à travers l'art dialectique d'Andréï Platonov«, S. 4, auf academia.edu (Anm. d. Übers.).

151 Maria Chehonadskih: »Soviet Epistemologies and the Materialist Ontology of Poor Life: Andrei Platonov, Alexander Bogdanov und Lev Vygotsky«. PhD-Arbeit am Centre for Research in Modern European Philosophy: Kingston University 2017, S. 139, auf eprints.kingston.ac.uk.

152 Siehe Artemy Magun: *Negative Revolution*. London: Bloomsbury 2013.

153 Platonow, a.a.O. (1973), S. 251, vgl. Platonow, a.a.O. (2018), S. 376: »die übergroße Mühe und Qual des Lebens hatte ihre Gesichter unrussisch werden lassen.«

154 Platonow, a.a.O. (1973), S. 251 f., vgl. Platonow, a.a.O. (2018), S. 376 f.: »›Das ist eine Klasse erster Güte, du musst sie nur voranführen, sie wird nicht mucksen. Das sind doch internationale Proletarier, du siehst ja, sie sind nicht Russen, nicht Armenier, nicht Tataren, sondern niemand!‹«

155 Auch Mao sah revolutionäres Potenzial in der »Armut und Unbeschriebenheit des chinesischen Volkes«. Pang Laikwan erläutert: »Weil es ›arm und unbeschrieben‹ [一穷二白] und aller Identitätsanzeichen beraubt ist, ist das maoistische Subjekt ein leeres Medium, das nur darauf wartet, mit revolutionärem Willen gefüllt zu werden, um sich an den heftigsten Kämpfen zu beteiligen und eine scheinbar unmögliche historische Umgestaltung zu vollbringen.« (Pang Laikwan: »Dialectical Materialism«. In: *Afterlives of Chinese Communism*. Hrsg. v. Christian Sorace / Ivan Franceschini / Nicolas Loubere. London: Verso 2019, S. 69. Vgl. ggf. Mao Zedong: *Texte, dritter Band: 1958*. Hrsg. v. Helmut Martin et al. München / Wien: Hanser 1982 [Anm. d. Übers.].)

156 Chehonadskih betont, Platonow nehme eine antikoloniale Perspektive

ein, die mit der Vorstellung einer weißen Arbeiterklasse bricht. (Persönliche Korrespondenz mit der Autorin.)

157 Dieses Fehlen von Militanz unterscheidet Platonows Sonstige von der »Bewegung der Genossen« (»amaqabane«) im südafrikanischen Natal der späten 1980er-Jahre. In Interviews zeigten die militanten südafrikanischen Jugendlichen »ein starkes Gespür dafür, dass sie ›nichts haben‹«. Doch obwohl sie nichts hatten – keine Arbeit, keine Bildung, kein Essen, keinen Ausweg –, hatten sie eine militarisierte Widerstandskultur und einen Sinn für soziale Solidarität. (Ari Sitas: »The Making of the ›Comrades‹ Movement in Natal, 1985–1991«, in: *Journal of South African Studies* – 18:3 [1992], S. 629–641, hier S. 634, auf abahlali.org.)

158 Vgl. die unveröffentlichte Übersetzung von Robert Chandler in: Chehonadskih, a.a.O., S. 137; hier zit. nach: Platonow, a.a.O. (1973), S. 250 f., vgl. Platonow, a.a.O. (2018), S. 375 f.: »[...] hatten sie [die Übrigen] aus sich selbstgemachte Menschen unbekannter Bestimmung geschaffen; diese Übung in Geduld und in den inneren Mitteln des Körpers brachte in den Übrigen einen Verstand voller Neugier und Zweifel hervor und eine rasches Gefühl, das fähig war, ewige Glückseligkeit zu tauschen gegen einen gleichartigen Kameraden, weil dieser Kamerad auch keinen Vater und kein Eigentum hatte, aber das eine wie das andere vergessen machen konnte; obendrein trugen die Übrigen eine Hoffnung in sich, die unbeirrbar war und zuversichtlich, aber traurig wie ein Verlust. Diese Hoffnung hatte ihre Festigkeit darin, dass nach Gelingen der Hauptsache – sich heil und lebendig zu erhalten – auch alles Sonstige und Beliebige gelingen würde, und müsste die ganze Welt bis an ihr Grab gebracht werden. [...]«

159 McKenzie Wark: *Molekulares Rot. Theorie für das Anthropozän*. Berlin: Matthes & Seitz 2017, Orig. v. 2015, übers. v. Dirk Höfer, S. 166.

160 Diesen Punkt verdanke ich David Riff. Siehe dazu auch Anm. 2 (Anm. d. Übers.).

161 Bartholmes, a.a.O., S. 175.

162 Siehe den Eintrag »Товарищ« auf ru.wikipedia.org. (Anm. d. Übers.)

163 Platonow, a.a.O. (1973), S. 240 f.; vgl. Platonow, a.a.O. (2018), S. 366 f.: »wenn zwischen den Menschen das Eigentum steht, verausgaben sie gelassen ihre Kraft für die Sorge um dieses Eigentum, wenn aber zwischen den Menschen nichts ist, dann trennen sie sich nicht mehr und behüten einer den andern vor der Kälte im Schlaf.«

164 Platonow, a.a.O. (1973), S. 95; vgl. Platonow, a.a.O. (2018), S. 229: »›Und ich sage dir, wir alle sind nur in gleicher Not Genossen. Gibt es aber Brot und Eigentum, wird kein Mensch entstehen!‹«

165 Platonow, a.a.O. (1973), S. 245; vgl. Platonow, a.a.O. (2018), S. 370: »Vielleicht waren diese Proletarier und Übrigen füreinander das einzige Eigentum und Gut des Lebens, und darum blickten sie einander so fürsorglich an, ohne auf Tschewengur groß achtzugeben, und behüteten die Kameraden sorgsam vor Fliegen, wie die Bourgeoisie die eigenen Häuser behütet hatte und das Vieh.«

166 Platonow, a.a.O. (1973), S. 215; vgl. Platonow, a.a.O. (2018), S. 343: »Tschepurny [war] bereit, in Tschewengur eine jede Frau zu begrüßen, deren

Gesicht verschattet war von der Trübsal der Armut und der langwährenden Mühsal, so eine Frau war nur für Kameradschaft geeignet und bildete keinen Unterschied innerhalb der unterdrückten Masse, zog folglich auch nicht die zersetzende Neugier einsamer Bolschewiki auf sich.«

167 Žižek: *Weniger …*, S. 1312.

168 Siehe Valery Podoroga: »The Eunuch of the Soul. Positions of Reading and the World of Platonov«, in: *South Atlantic Quarterly* – 90:2 (1991), S. 357–407. (Auch in: *Late Soviet Culture: From Perestroika to Novostroika*. Hrsg. v. Thomas Lahusen. Durham / London: Duke University Press 1993, übers. v. Gene Kuperman, S. 187–231. Anm. d. Übers.)

169 Platonow, a.a.O. (1973), S. 240; vgl. Platonow, a.a.O. (2018), S. 366: »und Tschepurny fühlte: statt Steppe, Häusern, Nahrung und Kleidung, die sich die Burshuis angeeignet hatten, besaßen die Proletarier auf dem Kurgan einander, weil jeder Mensch etwas besitzen muss«.

170 John McCumber: *Time in the Ditch: American Philosophy in the McCarthy Era*. Evanston: Northwestern University Press 2001, S. 38 f.

171 Vgl. John Rawls: *Eine Theorie der Gerechtigkeit*. Frankfurt am Main: Suhrkamp 2003, Orig. v. 1971, übers. v. Hermann Vetter (1975), S. 159. (Anm. d. Übers.)

172 Alexandra Kollontai: *Die neue Moral und die Arbeiterklasse*. Münster: Frauenpolitik 1977, Orig. v. 1918, Übers. ungenannt (1920), S. 47; online via stabikat.de.

173 Alexandra Kollontai: »Die Familie und der kommunistische Staat« (Teil 2), in: *Sowjet. Kommunistische Zeitschrift* – 10 / 11 (1920), Übers. ungenannt, S. 45–50, hier S. 50.

174 Ich danke Maria Chehonadskih für dieses Beispiel aus folgendem Buch: Grigorij G. Vinokur: *Kult'ura jazyka* (»Sprachkultur«), Moskau [2]1929 (1925).

175 Kollontai: *Die neue Moral*, a.a.O., S. 82.

176 Maxim Gorki: »Genosse«, in: *Vorwärts* – 23:53 (4. März 1906), autoris. Übers. v. Olga Altmann, S. 2, Sp. 3, auf fes.imageware.de.

177 Ebd., Sp. 2.

178 Ebd., S. 3, Sp. 2.

179 Eugene V. Debs: »How I Became a Socialist«, in: *The Comrade* – 1:7 (1902), S. 146–148. Debs war Gründungsmitglied der radikalen Gewerkschaft Industrial Workers of the World und trat fünfmal als Präsidentschaftskandidat der Socialist Party of America an; vgl. Bernard »Bernie« Sanders: »Eugene V. Debs. Trade Unionist, Socialist, Revolutionary, 1855–1926« (1979), auf: folkways.si.edu bzw. youtube.com (Anm. d. Übers.).

180 Walt Whitman: »Für dich, o Demokratie«. In: *Walt Whitmans Werk*, Bd. 2. Hrsg. u. übers. v. Hans Reisiger. Berlin: S. Fischer 1922, S. 110, auf whitmanarchive.org. Auch »mannhafte Liebe von Kameraden«. In: *Ich singe das Leben*. Leipzig / Wien: Tal 1919, übers. v. Max Hayek, S. 78, auf books.google.de. Vgl. ggf. die Neuausgaben von *Grasblätter* 2009 (übers. v. Jürgen Brôcan) und *Grashalme* 2013 (übers. v. Johannes Schlaf). (Anm. d. Übers.)

181 Siehe auch Brasas, a.a.O., und Kirsten Harris: *Walt Whitman and British Socialism: »The Love of Comrades«*. New York: Routledge 2016.

182 Amy Wellington: »The Slave of a Slave«, in: *The Comrade* – 1:6 (1902), S. 128. (*The Comrade* online auf marxists.org; Anm. d. Übers.)

183 George D. Herron: »A Song of To-Morrow«, in: *The Comrade* – 3:4 (1904), S. 83.

184 Edwin Markham: »The Love of Comrades«, in: *The Comrade* – 1:1 (1901), S. 2. (Anm. d. Übers.)

185 George D. Herron: »From Gods to Men«, in: *The Comrade* – 1:5 (1902), S. 97 f.

186 Zit. nach: A. M. Rodtschenko: *Aufsätze, autobiographische Notizen, Briefe, Erinnerungen*. Dresden: Verlag der Kunst 1993, Orig. v. 1982, übers. v. Hans-Joachim Lambrecht, S. 135. Vgl.: »Das Licht aus dem Osten ist nicht nur die Befreiung der ArbeiterInnen; das Licht aus dem Osten ruht in der neuen Beziehung zu Personen, Frauen, Dingen. Unsere Dinge in unseren Händen müssen Gleiche sein, Genossen, und nicht jene schwarzen und traurigen Sklaven, die sie hier sind.« (Aleksandr Rodchenko: »Rodchenko v Parizhe. Iz pisem domoi«, in: *Novyi lef* – 2 [1927], S. 20 [Brief vom 4. Mai 1925]. Zit. in: Christina Kiaer: »›In die Produktion!‹ Die sozialistischen Objekte des russischen Konstruktivismus«, in: *transversal* [Sep. 2010], übers. v. Birgit Mennel, auf eipcp.net.) Siehe auch: Olga Kravets: »On Things and Comrades«, in: *ephemera* – 13:2 (2013), S. 421–436.

187 McKenzie Wark verweist auch auf Platonows »bemerkenswert ergreifende und auf subtile Weise molekulare Schilderung des proletarischen Alltagslebens, unter Felsen, Tieren und Steinen – als Genossen.« Wark, a.a.O., S. 113.

188 Oxana Timofeeva: *The History of Animals*. London: Bloomsbury 2018, S. 167, Hervorhebung im Original.

189 Siehe auch Stevphen Shukaitis: »Can the Object Be a Comrade?«, in: *ephemera* – 13:2 (2013), S. 437–444.

190 Jodi Dean schreibt »homosocialism«, was auch als Synonym für Homosozialität definiert wird, sprich für die »starke und exklusive Verbindung zwischen Gleichgeschlechtlichen« auf der Basis einer »stabilen sexuellen Identität« (David W. Foster: *Argentine, Mexican, and Guatemalan Photography. Feminist, Queer, and Post-Masculinist Perspectives*. Austin: University of Texas Press 2014, S. 116). (Anm. d. Übers.)

191 Hongwei Bao: »›Queer Comrades‹: Transnational Popular Culture, Queer Sociality, and Socialist Legacy«, in: *English Language Notes* – 49:1 (2011), S. 131–137, hier S. 132.

192 Ebd.

193 Jason Frank: »Promiscuous Citizenship«. In: *A Political Companion to Walt Whitman*. Hrsg. v. John Seery. Lexington: University Press of Kentucky 2011, S. 155–184, hier S. 164.

194 Frantz Fanon: *Die Verdammten dieser Erde*. Frankfurt am Main: Suhrkamp 1966, Orig. v. 1961, übers. v. Traugott König, S. 263 f., 267.

195 George Orwell: *Mein Katalonien*. Frankfurt am Main / Hamburg. Fischer Bücherei 1966, Orig. v. 1938, übers. v. Wolfgang Rieger (1956), S. 25.

196 Dieses Beispiel verdanke ich Oxana Timofeeva. Siehe Ernst Lubitsch (Re-

gie): *Ninotschka*. Buch: Charles Brackett / Billy Wilder / Walter Reisch. USA 1939 (Deutschland 1948), 110′, 35 mm.

197 Ebd., 18′25″ ff. (Synchronfassung: Erich Kobler); Untertitel (o. N.) abweichend: »Wie können wir jemanden finden, ohne zu wissen, wie er aussieht?« – »Das muss er sein.« – »Ja, sieht wie ein Genosse aus.« – »Heil Hitler.« – »Nein, das ist er nicht.« (Anm. d. Übers.)

198 Ebd., 19′05″ ff.; Untertitel: »Machen Sie nicht so viel Wind darum [, dass ich eine Frau bin]. Wir sind hier, um zu arbeiten, alle.« (Anm. d. Übers.)

199 Jean-Paul Sartre: »Vorwort«. In: Fanon, a.a.O., S. 7–25, hier S. 20.

200 Jodi Dean moniert eigentlich einen Registerwechsel in dem zitierten Satz (von »comrade in arms« zu »brotherly love«); dieser ist im Deutschen – wo »Kampfgenosse« allgemein deutlich seltener gebraucht wird als »Waffenbruder« – nicht nachzuvollziehen, eben weil er auf das Konto des Englischübersetzers geht, denn Sartre selbst schreibt hier von »Brüdern«: »pour chaque *frère* elle [la Nation] est partout où d'autres *frères* combattent. Leur *amour fraternel* est l'envers de la haine qu'ils vous portent«. (Siehe dwds.de; Sartre zit. nach 1libertaire.free.fr, Hervorhebung A. G. F.; Anm. d. Übers.)

201 Hayden Herrera: »Frida Kahlo: Life into Art«. In: *The Seductions of Biography*. Hrsg. v. David Suchoff / Mary Rhiel. New York: Routledge 1996, S. 115. Hier zit. nach dem Katalog zur Ausstellung »Spitzen und Tränen« (26. Jan. 2019–6. Jan. 2020) im Kunstmuseum Gehrke-Remund, Baden-Baden, S. 55 (Anm. d. Übers.).

202 Mary Davis: *Comrade or Brother? A History of the British Labour Movement*. London: Pluto [2]2009, S. 289.

203 International ist »die Anrede *brothers (and sisters)* durchaus üblich«, erschien aber bereits in den 1960er-Jahren als »antiquiert und sogar als mißweisend«, so dass man sich beim DGB für »die Übersetzung *Kollege*« entschied (Bartholmes, a.a.O., S. 83). (Anm. d. Übers.)

204 Platonow, a.a.O. (1973), S. 246; vgl. Platonow, a.a.O. (2018), S. 371: »›Genossen! Prokofi hat euch Brüder und Familie genannt, aber das ist eine glatte Lüge: Alle Brüder haben einen Vater, aber viele von uns sind von Lebensbeginn an eindeutig vaterlos. Wir sind nicht Brüder, wir sind Genossen, denn wir sind füreinander Ware* und Preis, weil wir keinen andern unbeweglichen oder beweglichen Vorrat an Eigentum haben …‹« (* Der Wortstamm von »towarischtsch« [Genosse, Kamerad] ist »towar« – Ware.) (Anm. d. Übers.)

205 Maria Chehonadskih verwendet die Formulierung »bastard people« in ihrer Dissertation; siehe Chehonadskih, a.a.O., S. 133.

206 Platonow, a.a.O. (1973), S. 219; vgl. Platonow, a.a.O. (2018), S. 347: »›Eigentum ist ja nur ein flüchtiger Nutzen, aber Genossen sind eine Notwendigkeit, ohne sie besiegst du nichts und wirst selber ein Miststück.‹« (Anm. d. Übers.)

207 Platonow, a.a.O. (1973), S. 175 f.; vgl. Platonow, a.a.O. (2018), S. 307: »›Ihr habt ja keine Qualifikation und kein Bewusstsein‹ […] ›Wir haben gar nichts […] nur die Menschen haben wir noch, darum gibt's jetzt Kameradschaft.‹« (Anm. d. Übers.)

208 Platonow, a.a.O. (1973), S. 412; vgl. Platonow, a.a.O. (2018), S. 524: »›Ihn wollte niemand für sich gewinnen, darum hat er verlernt, Menschen zu brauchen und sammelt nun Eigentum statt Kameraden.‹« (Anm. d. Übers.)

209 Detailliertere Ausführungen zum Nächsten in religiöser, soziopolitischer und mathematischer Hinsicht siehe Kenneth Reinhards Eintrag »Neighbor« (*prochain*). In: *Dictionnary of Untranslatables. A Philosophical Lexicon.* Hrsg. v. Barbara Cassin. Princeton: Princeton University Press 2015, S. 706–712. Vgl. Marc de Launay: »Mitmensch« (*prochain, autrui*). In: *Vocabulaire Européen des Philosophies. Dictionnaire des Intraduisibles.* Hrsg. v. Barbara Cassin. Paris: Le Seuil / Le Robert 2004, S. 809–811 (Anm. d. Übers.).

210 Žižek, *Weniger ...*, a.a.O., S. 761.

211 Ebd.

212 Bettina Aptheker: *The Morning Breaks. The Trial of Angela Davis*. New York: International Publishers 1975, S. 3.

213 Vgl. Jacques Derrida: *Politik der Freundschaft*. Frankfurt am Main: Suhrkamp 2000, Orig. v. 1994, übers. v. Stefan Lorenzer, S. 163 f.

214 Claudio Lomnitz: *The Return of Comrade Ricardo Flores Magón*. Brooklyn: Zone Books 2014, S. 295.

215 Für eine detailliertere Darstellung der Zusammenhänge zwischen Freundschaft und Kameradschaft in der frühen Sowjetunion siehe Sean Guillory: »›We Shall Refashion Life on Earth!‹ The Political Culture of the Young Communist League, 1918–1928«, Dissertation am Department of History, Los Angeles: University of California 2009.

216 Derrida, a.a.O., S. 43, 44, Hervorhebung im Original.

217 Ebd., S. 47.

218 Nicht im engeren Sinn der »politischen Partei« steht das Wort – abgeleitet vom lateinischen *partire* (teilen) – im Gegensatz zur »Unparteilichkeit« für eine »Gruppierung« oder »Seite«, etwa auch als Mietpartei oder als Partei im Rechtsstreit; eine politische Partei bildeten bis in die 1880er-Jahre die »Unterstützer einer Fraktion« (vgl. Marx / Engels), eine formelle Mitgliedschaft bestand »höchstens in einem Verein, der einer Partei kulturell nahestand.« (Kluge, a.a.O., S. 529. Wikipedia mit Verweis auf: Thomas Nipperdey: *Deutsche Geschichte 1866–1918*. Bd. 2: *Machtstaat vor der Demokratie*. München: C.H. Beck [2]1993, S. 515. Vgl. Karl Marx / Friedrich Engels: »Manifest der Kommunistischen Partei« [1848 / 1890]. In: *Marx Engels Werke*, Bd. 4. Hrsg. v. Institut für Marxismus-Leninismus beim ZK der SED. Berlin [Ost]: Dietz [8]1977 [1959], S. 474, 492.) (Anm. d. Übers.)

219 Wilderson III., a.a.O., S. 145 f.

220 Ebd., S. 268.

221 Ellen Schrecker: *Many Are the Crimes. McCarthyism in America*. Boston: Little, Brown, and Co. 1998, S. 131.

222 Ebd., S. 133. (Schrecker zit. aus der Autobiografie von Elizabeth Bentley: *Out of Bondage*. New York: Devin-Adair 1951. Anm. d. Übers.)

223 Den Hinweis auf diesen Punkt verdanke ich David Riff; vgl. Bartholmes, a.a.O., S. 175.

224 Jeffrey Brooks: *Thank You, Comrade Stalin! Soviet Public Culture from Revolution to Cold War*. Princeton: Princeton University Press 2000, S. 24.

225 Nikolay Oleynikov / Oxana Timofeeva: »Beastly Spirits. A Pack of Folks«, in: *Rethinking Marxism* – 28:3–4 (2016), S. 500–522.

226 Schrecker, a.a.O., S. 141.

227 Ebd.

228 Bertolt Brecht: »Die Maßnahme (1931)«. In: *Stücke 3*. Hrsg. v. Werner Hecht / Jan Knopf / Werner Mittenzwei / Klaus-Detlef Müller. Berlin (Ost) & Weimar / Frankfurt am Main: Aufbau / Suhrkamp 1988, S. 99–125, hier S. 104.

229 Ebd., S. 120.

230 Kravets, a.a.O., S. 422.

231 Persönliche Korrespondenz.

232 Sergueï Sakhno / Nicole Tersis: »Is a ›Friend‹ an ›Enemy‹? Between ›Proximity‹ and ›Opposition‹«. In: *From Polysemy to Semantic Change*. Hrsg. v. Martine Vanhove. Amsterdam: John Benjamins 2008, S. 317–340, hier S. 326.

233 Gornick, a.a.O., S. 56.

234 Für die Vertiefung dieses Punktes danke ich Hannah Dickinson und Kai Heron.

235 Vgl. Bartholmes, a.a.O., S. 90 ff., dort genannt: die Brüderschaft der Kupferschmiede (Hamburg 1886) und eine Vereinigte Brüderschaft der Zimmerleute und Schreiner in New York; das Wort »Brüderlichkeit« sei seit 1776 belegt. (Anm. d. Übers.)

236 Harris, a.a.O., S. 13. Auch nach dem Ersten Weltkrieg gab es einen antimilitaristischen, »pazifistischen Kameradschaftsmythos«: »Die Kameradschaft unten richtete sich gegen die militärische Obrigkeit«, so Kühne, a.a.O., S. 58–62, Zitat S. 59 (Anm. d. Übers.).

237 W. Harrison Riley: »Reminiscences of Karl Marx«, in: *The Comrade* – 3:1 (1903), S. 5 f.

238 Bartholmes weist nach, dass »Genosse« bereits Mitte der 1870er-Jahre sowohl Anrede als auch Bezeichnung für die Mitglieder der sozialdemokratischen Partei geworden war; Bartholmes, a.a.O., S. 183. Bereits seit 1848 wurde der Begriff in der Arbeiterbewegung verwendet, wo er entweder alle Arbeiter oder die einer Branche bezeichnete.

239 Karl Marx: »[Marx an Kugelmann, 12. April 1871]«. In: *Marx Engels Werke*, Bd. 33. Hrsg. v. Institut für Marxismus-Leninismus. Berlin (Ost): Dietz [3]1976 (1966), S. 205–206, hier S. 205.

240 Für eine Erörterung der Unterscheidung zwischen der formellen und der historischen Partei in Marx' Schriften siehe Gavin Walker: »The Body of Politics. On the Concept of the Party«, in: *Theory & Event* – 16:4 (2013). Siehe auch oben, Anm. 218 (Anm. d. Übers.).

241 Marx, »[Marx an Kugelmann]«, a.a.O., S. 205.

242 Karl Marx: »Instruktionen für die Delegierten des Provisorischen Zentralrats zu den einzelnen Fragen« (1866). In: *Marx Engels Werke*, Bd. 16. Hrsg. v. Institut für Marxismus-Leninismus. Berlin (Ost): Dietz 1962, S. 190–199, hier

S. 191. Erstmals auf Deutsch veröffentlicht in: *Der Vorbote*, Nr. 10 f. (1866), Hervorhebung im Original.

243 Georg W. Pabst (Regie): *Kameradschaft*. Buch: Ladislaus Vajda / Karl Otten / Peter M. Lampel. Deutschland / Frankreich 1931, 90'; siehe auch Kühne, a.a.O., S. 61 f. (Anm. d. Übers.).

244 Alain Badiou: »Philosophy and Truth« (2001). In: ders.: *Infinite Thought. Truth and the Return to Philosophy*. Hrsg. u. übers. v. Oliver Feltham / Justin Clemens. London: Continuum 2003, S. 58–68, hier S. 62.

245 Ebd.

246 Treue ist nur eines der möglichen Verhältnisse zum Wahrheits-Ereignis. Badiou beschreibt zwei weitere Figuren des Subjekts, das reaktive und das dunkle Subjekt, in: Alain Badiou: *Das Sein und das Ereignis*. (Teil 2) *Logiken der Welten*. Zürich / Berlin: Diaphanes 2009, übers. v. Heinz Jatho (Mitarb. v. Arno Schubbach), Orig. v. 2006, S. 65. (Bei Žižek, *Weniger* …, a.a.O., S. 1139, ist von »drei Subjekttypen (treu, reaktiv, obskur)« die Rede; Anm. d. Übers.)

247 Peter Hallward: *Badiou. A Subject to Truth*. Minneapolis: University of Minnesota Press 2003, S. 129.

248 Alain Badiou: *Zweites Manifest für die Philosophie*. Wien / Berlin: Turia + Kant 2010, Orig. v. 2009, übers. v. Thomas Wäckerle, S. 78.

249 Alain Badiou: *Das Erwachen der Geschichte*. Wien: Passagen 2013, Orig. v. 2011, übers. v. Richard Steurer-Boulard, S. 74.

250 Ebd., S. 80, Hervorhebung im Original.

251 Alain Badiou: *Theorie des Subjekts*. Zürich / Berlin: Diaphanes 2014, Orig. v. 1982, übers. v. Heinz Jatho, S. 362, 367.

252 Ich entwickle diese Argumentation in: Dean, *Crowds*, a.a.O.; zur »Entladung« siehe Elias Canetti: *Masse und Macht*. Frankfurt am Main: Fischer [32]2011 (1960), S. 16 f. (Anm. d. Übers.).

253 Für eine eingehendere kritische Auseinandersetzung mit Badious Darstellung des Subjekts der Wahrheit siehe meinen Text »The Subject of the Revolution«, in: *Crisis and Critique* – 4:2 (2017), S. 152–173.

254 Gornick, a.a.O., S. 247 (Hervorhebung im Original).

255 Wladimir I. Lenin: »Der Kampf gegen die kadettisierenden Sozialdemokraten und die Parteidisziplin« (1906). In: *Lenin Werke*, Bd. 11. Hrsg. v. Institut für Marxismus-Leninismus beim ZK der SED. Berlin (Ost): Dietz 1958, S. 314–318, hier S. 314.

256 Wladimir I. Lenin: »Die große Initiative (Über das Heldentum der Arbeiter im Hinterland. Aus Anlaß der ›kommunistischen Subbotniks‹)« (1919). In: *Lenin Werke*, Bd. 29. Hrsg. v. Institut für Marxismus-Leninismus beim ZK der SED. Berlin (Ost): Dietz [9]1984 (1961), S. 397–424, hier S. 413.

257 Ebd., S. 399.

258 Orwell, a.a.O., S. 47, Hervorhebung im Original.

259 Lenin, »Die große Initiative«, a.a.O., S. 402 f.

260 Gornick, a.a.O., S. 197.

261 Raphael Samuel: *The Lost World of British Communism*. London: Verso 2006, S. 121.

262 Vgl. Wladimir I. Lenin: »Was tun? Brennende Fragen unserer Bewegung« (1902). In: *Lenin Werke,* Bd. 5. Hrsg. v. Institut für Marxismus-Leninismus beim ZK der SED. Berlin (Ost): Dietz 1955, S. 355–551. (Anm. d. Übers.)

263 Zetkin, a.a.O., S. 63.

264 Liu Schao-Tschi: *Wie man ein guter Kommunist wird* (1939). Peking: Verlag für fremdsprachige Literatur 1965, Orig. v. ²1962, Übers. ungenannt, S. 57 f.

265 Alexandra Kollontai: »Women Fighters in the Days of the Great October Revolution« (1927). In: *Alexandra Kollontai. Selected Articles and Speeches.* Hrsg. v. I. M. Dazhina / M. M. Mukhamedzhanov / R. Y. Tsivlina, übers. v. Cynthia Carlile. Moskau: Progress 1984, S. 126–130, hier S. 127, auf archive.org.

266 Ebd., S. 129.

267 Žižek, *Weniger …,* a.a.O., S. 1137. »Schrecken« steht hier – analog zum Sprachgebrauch im Zusammenhang mit der Französischen Revolution – für *terror* (Anm. d. Übers.).

268 Badiou, *Theorie,* a.a.O., S. 352; Überarbeitung siehe Badiou, *Das Sein,* a.a.O., S. 37–44; Auseinandersetzung in Žižek, *Weniger …,* a.a.O., S. 1095 ff.

269 Vgl. Canetti, a.a.O., S. 30 f. (Anm. d. Übers.)

270 Vgl. meine Ausführungen in: Dean, *Crowds,* a.a.O., S. 182–190. »Übertragung« (*transference*) ist ursprünglich ein Freud'scher Begriff für die »Beziehung zwischen Patient und Analytiker«, siehe Evans, a.a.O., S. 316 (Anm. d. Übers.).

271 Badiou, *Theorie,* a.a.O., S. 369.

272 Ebd., S. 370.

273 Ebd., S. 367. (Hervorhebung von mir, J. D.)

274 Isaac Deutscher: *Trotzki.* (Bd. 1) *Der bewaffnete Prophet, 1879–1921.* Stuttgart: W. Kohlhammer ²1972, Orig. v. 1954, übers. v. Harry Maor, S. 478.

275 Ebd., S. 481.

276 Ebd.

277 Žižek, *Weniger …,* a.a.O., S. 1135 f.

278 Ebd., S. 1136, Fn. 52.

279 Badiou, *Das Erwachen,* a.a.O., S. 80.

280 Deutscher, Bd. 1, a.a.O., S. 256.

281 Badiou, *Theorie,* a.a.O., S. 351 f.

282 Isaac Deutscher: *Trotzki.* (Bd. 2) *Der unbewaffnete Prophet, 1921–1929.* Stuttgart et al.: W. Kohlhammer ²1972, Orig. v. 1959, übers. v. Harry Maor (1962), S. 297.

283 Ebd., S. 31.

284 Ebd., S. 342.

285 Ebd., S. 354.

286 Ebd., S. 377.

287 Naison, *Communists,* a.a.O., S. 47. Nicht zu verwechseln ist der Genannte mit dem gleichnamigen Ringer; zu Ersterem siehe auch: Laura Horelli (Regie): *Jokinen.* Finnland 2016, Berlinale 2017 Forum Expanded, 45'; sowie deren Foto- und Audioinstallation *The Jokinen Trial* (2014) im Badischen Kunstverein (Anm. d. Übers.).

288 Communist Party U.S.A.: *Race Hatred on Trial.* New York: Workers Library Publishers 1931, S. 7, auf digital.lib.ecu.edu / 27774.

289 Ebd.

290 Ebd., S. 8. (Hervorhebung im Original.)

291 Ebd.; der »Poolraum« diente als öffentliche Badeanstalt.

292 Naison, *Communists*, a.a.O., S. 47. Hathaway war 1919 Gründungsmitglied der CPUSA und langjähriges Mitglied im Zentralkomitee, er wurde 1940 ausgeschlossen (später wieder aufgenommen) und soll FBI-Informant gewesen sein, siehe en.wikipedia.org; Moore verteidigte 1935 namens der International Labor Defence (ILD) die »Scottsboro Boys«, wurde 1939 aus der CPUSA ausgeschlossen und veröffentlichte 1960 das Buch *The Name Negro. Its Origin and Evil Use*, siehe biografische Notiz auf digilib.nypl.org (Anm. d. Übers.).

293 Communist Party U.S.A., *Race Hatred*, a.a.O., S. 9.

294 Ebd., S. 9 f.

295 Ebd., S. 11.

296 Ebd., S. 13.

297 Ebd., S. 12.

298 Ebd., S. 14.

299 Ebd.

300 Ebd., S. 16.

301 Ebd.

302 Ebd., S. 17.

303 Naison, *Communists*, a.a.O., S. 47.

304 Communist Party U.S.A., *Race Hatred*, a.a.O., S. 18.

305 Ebd., S. 19.

306 Ebd., S. 21.

307 Ebd., S. 27.

308 Ebd., Hervorhebung im Original.

309 Ebd., S. 32.

310 Ebd.; »Jim Crow« bezeichnet die gesetzlich und gesellschaftlich verankerte Segregation, siehe Anm. 121 (Anm. d. Übers.).

311 Ebd.

312 Ebd., S. 36.

313 Ebd.

314 Ebd., S. 46 f.

315 O.A.: »Deported for Abandoning White Chauvinism«, in: *The Daily Worker*, 11. Jan. 1933.

316 O.A.: »Defend Yokinen«, in: *The Daily Worker*, 4. März 1931.

317 O.A.: »Deported«, a.a.O.; vgl. United States v. Commissioner of Immigration, 57 F.2d 707 (2d Cir. 1932), auf casetext.com (Anm. d. Übers.).

318 O.A., »Deported«, a.a.O.

319 Haywood, a.a.O., S. 587 f. Haywood studierte Ende der 1920er-Jahre in der Sowjetunion, war später Leiter des »National Negro Department« und Mitglied im ZK der CPUSA, 1959 wurde er aus der Partei ausgeschlossen (siehe biografische Notiz auf alba valb.org, sowie Kapitel zwei, Anm. d. Übers.).

320 Ebd., S. 585.

321 Vgl. ebd., S. 543.

322 Ebd., S. 531 f.

323 Ebd., S. 586.

324 Ebd.

325 Ebd., S. 587.

326 Ebd.

327 Ebd., S. 588.

328 Ebd., S. 589.

329 Ebd.

330 Ebd.

331 Ebd., S. 591.

332 Ebd., S. 592.

333 Ebd., S. 594.

334 Patrick McGilligan / Paul Buhle, *Tender Comrades. A Backstory of the Hollywood Blacklist*. Minneapolis: University of Minnesota Press 2012, S. 333. Jarrico war 1942 in der Kategorie Bestes Originaldrehbuch für den Oscar nominiert, landete später auf der Schwarzen Liste Hollywoods und produzierte Herbert Bibermans feministischen Streikfilm *Salt of the Earth* (1954; mit Untertiteln auf labournet.tv; Anm. d. Übers.).

335 Nicolai Bucharin: *Das letzte Wort des Angeklagten in der Strafsache des antisowjetischen »Blocks der Rechten und Trotzkisten«, verhandelt vor dem Militärkollegium des Obersten Gerichtshofes der UdSSR in der Abendsitzung des 12. März 1938*. Hamburg: Europäische Verlagsanstalt 1996, Orig. v. 1938, Übers. ungenannt, S. 31.

336 Jessica Mitford: *A Fine Old Conflict*. New York: Vintage Books 1978, S. 127.

337 Gornick, a.a.O., S. 176, Hervorhebung im Original.

338 Martin Glaberman: »An Introductory Statement« (1962). In: *Marxism and the Intellectuals*. Hrsg. v. J. R. Johnson [i.e. C. L. R. James]. Detroit: Facing Reality Publishing Committee 1962, S. 2.

339 C. L. R. James: »The Destruction of a Workers Paper: A Statement to the Editorial Board« (1962). In: Johnson, ebd., S. 20.

340 Ebd., S. 21.

341 Ebd., S. 25.

342 Griffin Fariello: *Red Scare. Memories of the American Inquisition. An Oral History*. New York: Norton 1995, S. 232 f.

343 Howard Fast: *The Naked God. The Writer and the Communist Party*. New York: Frederick A. Praeger 1957, S. 23. (Der erwähnte Roman: Howard Fast: *Spartacus*. Berlin [Ost]: Dietz 1953, Orig. v. 1951, übers. v. Günther Baganz; bzw. alternativ: Wiesbaden: Rheinische Verlagsanstalt 1959, übers. v. Liselotte Julius [zuletzt: Zürich: Unionsverlag 2005]; Anm. d. Übers.)

344 Fast, *The Naked*, a.a.O., S. 177.

345 Howard Fast: *Being Red*. Boston: Houghton Mifflin Company 1990.

346 AfroMarxist (Hrsg.): »Audley Moore on Her Life in the CPUSA and Why She Resigned«, auf youtube, 2. April 2018, 2'40" ff. (Quelle wahrscheinlich: Mark Naison, Interview mit Audley Moore [1972], Teil der: *Oral History of the American Left Main Series, 1940–2011*. New York: Tamiment Library & Robert F. Wagner Labor Archives [Anm. d. Übers.].)

347 Siehe Eric S. McDuffies Ausführungen zu Moores Austritt in: McDuffie, a.a.O., S. 134–137.

348 Gornick, a.a.O., S. 157.

349 Wilderson III., a.a.O., S. 472, Hervorhebung im Original.

350 Irving Howe: *A Margin of Hope. An Intellectual Biography*. New York: Harcourt Brace Jovanovich 1982, S. 108.

351 Ebd.

352 Zit. nach: John Earl Haynes: »Hellman and the Hollywood Inquisition: The Triumph of Spin-Control over Candour«, in: *Film History* – 10:3 (1998), S. 408–414, hier S. 412. Siehe auch Lillian Hellman: *Die Zeit der Schurken. Autobiographische Erzählung*. Berlin: Wagenbach 2015, Orig. v. 1976, übers. v. Peter Naujack (1979); sowie Hellman: *Eine unfertige Frau. Autobiographie*. München: Goldmann 2001, Orig. v. 1969, übers. v. Kyra Stromberg (1970) (Anm. d. Übers.).

353 Kollektiv: »A Plea for liberal Unity (An Open Letter to American Liberals)«. In: *American Views of Soviet Russia, 1917–1956*. Hrsg. v. Peter G. Filene. Homewood: Dorsey Press 1968, S. 117–121 (zuerst in: *Soviet Russia Today – 4* [März 1937], S. 14 f.). (Anm. d. Übers.)

354 Chris Luo: »Keep Calling Each Other ›Comrade‹. Chinese Communist Party Tells Members after Rule Review«, in: *South China Morning Post*, 18. Nov. 2014. Vgl. Kai Strittmatter: »Kommunisten müssen wieder ›Genosse‹ sagen«, in: *Süddeutsche Zeitung*, 16. Nov. 2016, auf sueddeutsche.de (Anm. d. Übers.).

355 Moshe Lewin: *The Soviet Century*. London: Verso 2016 (2005), S. 41.

356 Diese Trennung war ein langjähriger Prozess: von der Gruppe Internationale (1914), als »Spartakusgruppe« seit 1917 in der neugegründeten USPD (nachdem u. a. Liebknecht 1916 aus der SPD-Reichstagsfraktion ausgeschlossen worden war), über den Spartakusbund (1918) bis hin zur KPD (1918 / 19). (Anm. d. Übers., mit Wikipedia.)

357 Lovestone wurde 1929 als »Bucharinist« mit 92 anderen ausgeschlossen und bildete zunächst eine »Communist Party (Majority Group)«; in den 1940er-Jahren arbeitete er für die Gewerkschaften CIO und AFL, unterhielt hier jahrelang Kontakte zum US-Geheimdienst CIA und wurde 1959 mit dem Großen Verdienstkreuz der Bundesrepublik Deutschland ausgezeichnet. (Anm. d. Übers., mit Wikipedia.)

358 Sylvia Pankhurst: »I Am Tired, Comrades«, in: *Pall Mall Gazette*, 17. Sep. 1921. Pankhurst verband Frauen- und Arbeiterbewegung radikal, brach früh mit den bürgerlichen Suffragetten, wurde allerdings 1921 aus der KP ausgeschlossen (daraufhin Gründung der kurzlebigen Communist Workers Party), weil sie ihre linkssozialistische Zeitung *The Worker's Dreadnought* nicht der Partei unterstellen wollte (Anm. d. Übers., mit Wikipedia).

359 Harvey M. Matusow: *Der Zweifingermann. Bekenntnisse eines FBI-Spitzels*. Berlin (Ost): Rütten & Loening 1955, Orig. v. 1955, übers. v. Georg F. Alexan, S. 28 ff.

360 Elizabeth Bentley: *Out of Bondage*. New York: Devin-Adair 1951; Kathryn S. Olmsted: *Red Spy Queen. A Biography of Elizabeth Bentley*. Chapel Hill: University

of North Carolina Press 2002. Siehe auch das Bentley-Zitat, belegt in Anm. 222 (Anm. d. Übers.).

361 Doris Lessing: *Das goldene Notizbuch*. Frankfurt am Main: Goverts 1978, Orig. v. 1962, übers. v. Iris Wagner, S. 7.

362 Ebd., S. 257.

363 Ebd., S. 38.

364 Ebd., S. 41.

365 Ebd., S. 42.

366 Ebd., S. 41.

367 Ebd., S. 68.

368 Ebd., S. 163.

369 Ebd., S. 71.

370 Ebd., S. 162.

371 Ebd., S. 163.

372 Ebd.

373 Ebd.

374 Ebd., S. 234, Hervorhebung im Original.

375 Ebd., S. 237.

376 Gemeint ist sicher der Slánský-Schauprozess von 1952 gegen 14 hochrangige Mitglieder der Kommunistischen Partei der Tschechoslowakei (KSČ), zum Tode verurteilt wurde auch der damalige KSČ-Generalsekretär Rudolf Slánský; siehe das Buch des ehemaligen Vize-Außenministers und Mitangeklagten: Artur London: *Ich gestehe. Der Prozess um Rudolf Slansky*. Hamburg: Hoffmann & Campe 1970, Orig. v. 1968, übers. v. Willy Thaler; siehe auch: Costa-Gavras (Regie): *Das Geständnis*. Buch: Jorge Semprún. Frankreich 1970 (Synchronfassung: Conrad von Molo), 139′. (Anm. d. Übers.)

377 Lessing, a.a.O., S. 258.

378 Ebd., S. 259.

379 Ebd., S. 269.

380 Ebd., S. 293.

381 Vgl. Josef Stalin: »Der Marxismus und die Fragen der Sprachwissenschaft« (1950). In: *Stalin Werke*, Bd. 15. Dortmund: Roter Morgen ^{2}1976, PDF auf kommunistische-geschichte.de/stalin-werke, S. 113–127. (Anm. d. Übers.)

382 Lessing, a.a.O., S. 295.

383 Ebd., S. 296.

384 Ebd.

385 Ebd.

386 Ebd., S. 297.

387 Ebd., S. 334.

388 Ebd., S. 333.

389 Ebd., S. 343.

390 Ebd., S. 338.

391 Ebd., S. 340.

392 Ebd.

393 Ebd., S. 349.

394 Ebd., S. 342.
395 Ebd., S. 343.
396 Ebd., S. 366.
397 Ebd., S. 368.
398 Ebd., S. 367.
399 Ebd.
400 Ebd., S. 458.
401 Ebd., S. 534, Hervorhebung im Original.
402 Ebd., S. 566.
403 Ebd., S. 596.
404 Ebd.
405 Ebd., S. 600.
406 Ebd.
407 Ebd., S. 601.
408 Ebd., S. 619.
409 Ebd., S. 633.
410 So eine geläufige Fassung des Zitats, siehe etwa Barbara Supp: »Unbarmherzige Samariter«, in: *Der Spiegel* – 6 / 2012, S. 56, auf spiegel.de; oder Georg Seeßlen in: *taz*, 10. Okt. 2012 , auf taz.de. (Anm. d. Übers.)

LESEN SIE WEITER...

Kolja Möller Volksaufstand & Katzenjammer

Zur Geschichte des Populismus

Die westliche Welt wird gegenwärtig von einer Welle des Populismus ergriffen: Soziale Bewegungen, Parteien bis hin zu Staatspräsidenten beanspruchen für sich, das Volk gegen die »Eliten« zu vertreten.

Politik. Klappenbroschur. 160 Seiten

Michela Murgia Faschist werden *Eine Anleitung*

Die Demokratie muss weg. Und die Alternative steht schon bereit. Michela Murgias virtuose, hochaktuelle Satire verunsichert, provoziert und wirft die Frage auf: Wie faschistisch sind Sie?

Aus dem Italienischen von Julika Brandestini
Politik. Broschiert. 112 Seiten

Wolfgang Ullrich Feindbild werden *Ein Bericht*

Wieder stellt sich Wolfgang Ullrich einem hochaktuellen Thema: Ist der viel beschriebene und diskutierte Rechtsdrall in den ostdeutschen Ländern auch in der zeitgenössischen Kunst sichtbar?

Politik. Broschiert. 144 Seiten

Patrizia Nanz, Claus Leggewie Die Konsultative

Mehr Demokratie durch Bürgerbeteiligung

Not in my backyard versus Mitsprache für alle. Nur mit der Weisheit der Vielen können die drängenden Fragen der Zukunft gelöst werden. Die vierte Gewalt, die Konsultative, ist ihr Sprachrohr. Unsere Demokratie wird nicht mehr ohne sie auskommen können.

Politik. Broschiert. 128 Seiten

Die englische Originalausgabe erschien 2019 unter dem Titel *Comrade – An Essay on Political Belonging* bei Verso in London.

Politik bei Wagenbach

Die Reihe wurde 2008 neu gegründet von Patrizia Nanz und Susanne Schüssler.

Emser Straße 40 / 41, 10719 Berlin www.wagenbach.de

Umschlaggestaltung: Julie August. Gesetzt aus der Ivogria, der Brown und der Meridien. Gedruckt auf Munken bei ArtDruk, Szczecin. Printed in Poland.

ISBN 978 3 8031 3700 5